税务机关工作人员必备工具书

税务机关
强制执行不动产工作手册

刘金涛　编著

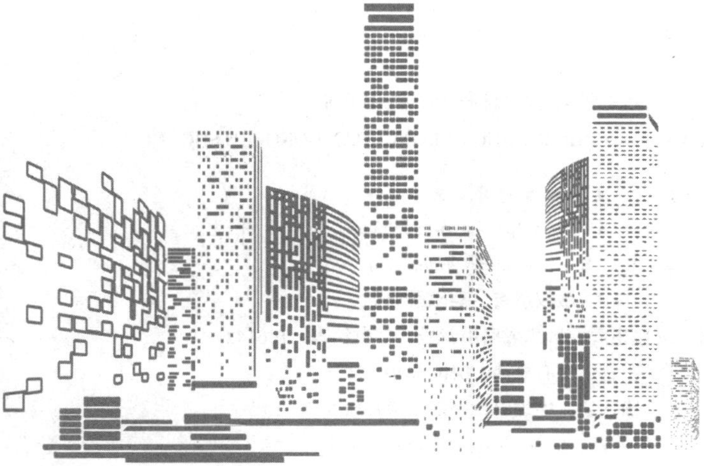

本手册详解不动产强制执行流程　精准指导每一步操作
助您依法高效执行　提升执法专业度！

中国财经出版传媒集团
中国财政经济出版社
·北京·

图书在版编目（CIP）数据

税务机关强制执行不动产工作手册 / 刘金涛编著．北京 ：中国财政经济出版社，2025. 1. -- ISBN 978-7-5223-3698-5

Ⅰ. D925.118-62

中国国家版本馆CIP数据核字第20251FB586号

责任编辑：尉　敏　　　　责任校对：张　凡

封面设计：卜建辰　　　　责任印制：史大鹏

税务机关强制执行不动产工作手册

SHUIWU JIGUAN QIANGZHI ZHIXING BUDONGCHAN GONGZUO SHOUCE

中国财政经济出版社 出版

URL：http：//www.cfeph.cn

E-mail：cfeph @cfemg.cn

社址：北京市海淀区阜成路甲28号　邮政编码：100142

营销中心电话：010-88191522

天猫网店：中国财政经济出版社旗舰店

网址：https：//zgczjjcbs.tmall.com

涿州汇美亿浓印刷有限公司印刷　各地新华书店经销

成品尺寸：147mm × 210mm　32开　5.375印张　88 000字

2025年1月第1版　2025年1月北京第1次印刷

定价：38.00元

ISBN 978-7-5223-3698-5

（图书出现印装问题，本社负责调换，电话：010-88190548）

本社图书质量投诉电话：010-88190744

打击盗版举报热线：010-88191661　QQ：2242791300

Preface
前言

随着经济下行压力增大，税务机关强制执行抵税财物的情况越来越多。其中，拍卖、变卖欠税人名下的不动产，较为常见，也较为复杂。结合担任多家税务机关法律顾问的相关经验，本人编写了这本小册子《税务机关强制执行不动产工作手册》。

本书聚焦税务机关强制执行的主要对象——不动产，主要阐述税务机关强制执行不动产过程中需要关注和留意的问题。本书分两个部分，第一部分按税务机关强制执行不动产的工作步骤，将其分为九步，依次说明：确定被执行人、确定可被执行的不动产、发出责令限期缴纳通知、发出催告书、重大执法决定法制审核、经局长批准、查封不动产、拍卖变卖不动产、不动产交付等过程中的相关重难点。第二部分汇编了税务机关强制执行不动产过程中可能会使用的相关法律政策规定，供读者参考。

虽然这是一本小册子，但希望它能帮读者解决一些大问题，使得税务机关强制执行不动产时规范、高效，既为国家财政聚集了财力，又不因执行行为不规范，甚至不合法，伤害到被执行人的合法权益。

税务强制执行是一个小众领域，研究它的人不多，所以可供笔者借鉴、参考的资料、信息很有限。加上笔者写作水平有限，相关经验尚不丰富。本书内容定有不少不足、错漏之处，望各位读者不吝批评、指正。

刘金涛

2025年1月13日

Contents
目录

第二部分 相关政策法规汇编 65

第一部分

税务机关强制执行不动产“九步法”

第一步　确定被执行人

第二步　确定可被执行不动产

第三步　发出责令限期缴纳通知

第四步　发出催告书

第五步　重大执法决定法制审核

第六步　经局长批准

第七步　查封不动产

第八步　拍卖、变卖不动产

第九步　不动产交付

第一步　确定被执行人

根据《税收征收管理法》第四十条规定，税务机关可对纳税人、扣缴义务人、纳税担保人持有的不动产采取强制执行措施。但并不是所有的“纳税人、扣缴义务人、纳税担保人”都可被税务机关强制执行。

一、关于纳税人

根据《税收征收管理法》第四十条[①]规定，可被税务机

① 《税收征收管理法》第四十条　从事生产、经营的纳税人、扣缴义务人未按照规定的期限缴纳或者解缴税款，纳税担保人未按照规定的期限缴纳所担保的税款，由税务机关责令限期缴纳，逾期仍未缴纳的，经县以上税务局（分局）局长批准，税务机关可以采取下列强制执行措施：

（一）书面通知其开户银行或者其他金融机构从其存款中扣缴税款；

（二）扣押、查封、依法拍卖或者变卖其价值相当于应纳税款的商品、货物或者其他财产，以拍卖或者变卖所得抵缴税款。

税务机关采取强制执行措施时，对前款所列纳税人、扣缴义务人、纳税担保人未缴纳的滞纳金同时强制执行。

个人及其所扶养家属维持生活必需的住房和用品，不在强制执行措施的范围之内。

关强制执行的纳税人，仅限于从事生产、经营的纳税人。根据《税收征收管理法》第十五条规定，从事生产、经营的纳税人是指企业，企业在外地设立的分支机构和从事生产、经营的场所，个体工商户和从事生产、经营的事业单位。

对此，司法实践中，有不同理解。例如笔者代理的某税务局申请人民法院强制执行某自然人纳税人税款案，人民法院就以税务机关有强制执行权驳回了非诉执行申请。但从全国人大常委会法制工作委员会就《税收征收管理法》所作释义[①]来看，上述理解是准确的。全国人大常委会法制工作委员会认为，本条关于税务机关采取强制执行措施的规定，只能适用于从事生产、经营的纳税人、扣缴义务人、纳税担保人，不适用于非生产、经营纳税人（从事生产、经营的纳税人以外的纳税人），即税务机关无权对非生产、经营纳税人采取强制执行措施。如果非生产、经营纳税人未依法缴纳税款，税务机关责令其限期缴纳而仍不缴纳，同时其对税务机关缴纳税款的决定又不依法提起行政诉讼的，根据《行政诉讼法》的规定，税务机关可以申请人民法院强制执行。

① 具体内容详见：http：//www.npc.gov.cn/zgrdw/npc/flsyywd/xingzheng/2002-07/29/content_298082.htm，最近访问日期：2024年12月11日。

二、关于扣缴义务人

从《税收征收管理法》第四十条规定，似乎可以得出税务机关可强制执行的扣缴义务人也仅限于从事生产、经营的扣缴义务人。但从全国人大常委会法制工作委员会就《税收征收管理法》第四十条所作上述释义内容来看，“从事生产、经营的”仅限定纳税人，未限定扣缴义务人。即《税收征收管理法》第四十条中的“从事生产、经营的纳税人、扣缴义务人”应分为并列的两部分：“从事生产、经营的纳税人”和“扣缴义务人”，而不是“从事生产、经营的纳税人”和“从事生产、经营的扣缴义务人”。

之所以作上述判断，是因为“扣缴义务人”是可以分为“从事生产、经营的扣缴义务人”和“非从事生产、经营的扣缴义务人”的。后者如个人股权转让给个人，根据《个人所得税法》第九条规定，支付所得的个人就是扣缴义务人，但不是从事生产经营的扣缴义务人。

如果我们再往后看，《税收征收管理法》第四十条规定，税务机关可强制执行的是“未按照规定的期限解缴税款”的扣缴义务人，而不应包括未代扣税款的扣缴义务人。因为只有已代扣，才有代缴义务；只有未代缴（代为解缴），才涉及强制执行问题。

所以，针对扣缴义务人，应不限于从事生产经营的扣缴义务人，只要是已代扣，但未代缴（解缴）的扣缴义务人，税务机关都可以强制执行。

三、关于纳税担保人

根据《纳税担保试行办法》（国家税务总局令第11号）第二条规定："纳税担保，是指经税务机关同意或确认，纳税人或其他自然人、法人、经济组织以保证、抵押、质押的方式，为纳税人应当缴纳的税款及滞纳金提供担保的行为。纳税担保人包括以保证方式为纳税人提供纳税担保的纳税保证人和其他以未设置或者未全部设置担保物权的财产为纳税人提供纳税担保的第三人。"

根据上述定义，我们可以知道，税务机关之所以能对纳税担保人采取强制执行措施，是因为其以保证、抵押、质押的方式自愿地参与进税收债务的清偿程序中来。为最大限度地维护国家税款利益，《税收征收管理法》第四十条赋予税务机关就纳税担保人采取强制执行措施的权力。

综上，我们可以得出一个结论：可被税务机关强制执行的被执行人包括：从事生产经营的纳税人、已扣未解缴的扣缴义务人、纳税担保人。

第二步 确定可被执行不动产

根据《税收征收管理法实施细则》（国务院令第666号）第五十九条[①]规定，《税收征收管理法》第四十条规定的可强制执行对象包括不动产。但不动产的范围并未因此明确，另外还有部分特殊问题需要考虑。

一、不动产的范围

鉴于《税收征收管理法实施细则》第五十九条仅明确了《税收征收管理法》第四十条所称其他财产的范围包括纳税人的房地产、现金、有价证券等不动产和动产。但不动产

① 《税收征收管理法实施细则》第五十九条 税收征管法第三十八条、第四十条所称其他财产，包括纳税人的房地产、现金、有价证券等不动产和动产。

机动车辆、金银饰品、古玩字画、豪华住宅或者一处以外的住房不属于税收征管法第三十八条、第四十条、第四十二条所称个人及其所扶养家属维持生活必需的住房和用品。

税务机关对单价5000元以下的其他生活用品，不采取税收保全措施和强制执行措施。

的范围，可结合《不动产登记暂行条例》进一步明确。《不动产登记暂行条例》第二条、第五条规定，不动产是指土地、海域以及房屋、林木等定着物，包括集体土地所有权；房屋等建筑物、构筑物所有权；森林、林木所有权；耕地、林地、草地等土地承包经营权；建设用地使用权；宅基地使用权；海域使用权；地役权；抵押权；法律规定需要登记的其他不动产权利。

二、几个特别问题

（一）关于家庭唯一住房

《税收征收管理法》第四十条第三款规定，个人及其所扶养家属维持生活必需的住房和用品，不在强制执行措施的范围之内。《税收违法违纪行为处分规定》（监察部、人力资源和社会保障部、国家税务总局令第26号）第五条[①]甚至规定，查封、扣押纳税人个人及其所扶养家属维持生活必需的

---

①《税收违法违纪行为处分规定》第五条　税务机关及税务人员有下列行为之一的，对有关责任人员，给予警告或者记过处分；情节较重的，给予记大过或者降级处分；情节严重的，给予撤职处分：

（一）违反规定采取税收保全、强制执行措施的；

（二）查封、扣押纳税人个人及其所扶养家属维持生活必需的住房和用品的。

住房和用品的，对有关责任人员，给予警告或者记过处分；情节较重的，给予记大过或者降级处分；情节严重的，给予撤职处分。

上述规定使得部分税务人员得出“家庭唯一住房”不能被强制执行的结论。其实，“家庭唯一住房”并不能与“个人及其所扶养家属维持生活必需的住房”直接划等号。

如何理解和认定这里的“个人及其所扶养家属维持生活必需的住房”，税法层面没有直接给出答案。但《税收征收管理法实施细则》第五十九条第二款从反面给出了指引，即“豪华住宅或者一处以外的住房不属于税收征管法第三十八条、第四十条、第四十二条所称个人及其所扶养家属维持生活必需的住房和用品”。由此至少可以得出一个结论：“豪华住宅”不属于“个人及其所扶养家属维持生活必需的住房”。至于这里的“一处以外的住房”是否不属于“个人及其所扶养家属维持生活必需的住房”，结合《税收征收管理法实施细则》第一百零八条关于“税收征管法及本细则所称‘以上’‘以下’‘日内’‘届满’均含本数”的规定来看，应理解为“两处以外的住房”不属于“个人及其所扶养家属维持生活必需的住房”才准确。

税务机关能否适用《最高人民法院关于人民法院办理

执行异议和复议案件若干问题的规定》（法释〔2020〕21号）第二十条[①]规定，参照当地房屋租赁市场平均租金标准从该房屋的拍卖、变价款中扣除五至八年租金后，执行被执行人的唯一住房？笔者认为，这样做的法律依据不足，毕竟关于税务强制执行，《税收征收管理法》并未规定可参照《民事诉讼法》及相关规定执行。且民事执行讲公平兼顾效率，而行政执行讲效率兼顾公平，两者侧重点不一致。

（二）关于矿业权

2024年11月8日第十四届全国人民代表大会常务委员会第十二次会议修订通过的《矿产资源法》将于2025年7月

---

① 《最高人民法院关于人民法院办理执行异议和复议案件若干问题的规定》（法释〔2020〕21号）第二十条　金钱债权执行中，符合下列情形之一，被执行人以执行标的系本人及所扶养家属维持生活必需的居住房屋为由提出异议的，人民法院不予支持：

（一）对被执行人有扶养义务的人名下有其他能够维持生活必需的居住房屋的；

（二）执行依据生效后，被执行人为逃避债务转让其名下其他房屋的；

（三）申请执行人按照当地廉租住房保障面积标准为被执行人及所扶养家属提供居住房屋，或者同意参照当地房屋租赁市场平均租金标准从该房屋的变价款中扣除五至八年租金的。

执行依据确定被执行人交付居住的房屋，自执行通知送达之日起，已经给予三个月的宽限期，被执行人以该房屋系本人及所扶养家属维持生活的必需品为由提出异议的，人民法院不予支持。

1日起实行，其第十六条①规定，探矿权、采矿权统称矿业权。对于这里的矿业权，是否属于《税收征收管理法》第四十条规定的税务机关可执行的不动产，虽然有实务操作上的困难，但理论上并无争议。因为根据通说，矿业权属于用益物权。所以，矿业权也属于可被税务机关强制执行的不动产。

在经济下行压力加大的背景下，涉矿企业也可能基于各种原因不能缴纳税款，此时就涉及税务机关可能强制执行矿业权。但2024年11月8日修订的《矿产资源法》将矿业权和探采矿许可分离，此前的"一证两权"改为"两权分立"，笔者认为，在2025年7月1日后，处置采矿权时如何兼顾矿业权和探采矿许可，使得税务机关拍卖、变卖矿业权最终收益最大化，还需要等待自然资源部等相关规则颁布后，才能确定。在2025年7月1日前，笔者建议税务机关参考人民法院强制执行矿业权的相关规定及经验进行。

（三）关于未完工房产

通常情况下，未完工房产未形成完整物权。但这并不意味着这样的房产不能被税务机关强制执行。未完工房产就

① 《矿产资源法》第十六条　国家实行探矿权、采矿权有偿取得的制度。探矿权、采矿权统称矿业权。

如一只杯子，缺一个底座，但并不等于其没有任何价值。只要是有价值的不动产，都可成为税务机关执行对象。但关键是如何判断未完工房产的产权所有人和保障其他优先权人的合法权益。

1. 如何判断产权所有人

一般来说，土地使用权和房屋的所有权人是同一的，即房地一体原则。但也有例外，所以《民法典》第三百五十二条规定，建设用地使用权人建造的建筑物、构筑物及其附属设施的所有权属于建设用地使用权人，但是有相反证据证明的除外。

我们可以结合《不动产登记暂行条例实施细则》第三十五条[①]规定的“申请国有建设用地使用权及房屋所有权首次登记的，应当提交”的材料来判断“未完工房产”的产权所有人。包括但不限于：土地使用权转让或出让合同、建设工程规划许可证、工程招标文件、建设工程施工许可证、

① 《不动产登记暂行条例实施细则》第三十五条　申请国有建设用地使用权及房屋所有权首次登记的，应当提交下列材料：

（一）不动产权属证书或者土地权属来源材料；

（二）建设工程符合规划的材料；

（三）房屋已经竣工的材料；

（四）房地产调查或者测绘报告；

（五）相关税费缴纳凭证；

（六）其他必要材料。

建设工程勘察设计合同、建设工程监理合同、建设工程施工合同、相关税费缴纳凭证等证据，均可用于判断。

2. 其他优先权人

虽然《税收征收管理法》第四十五条[①]规定了税务机关的税款优先权，但该条同时规定“法律另有规定的除外”。所以，税务机关在对不动产特别是住房进行强制执行时，要特别留意是否有其他优先权人。商品房消费优先权是执行住房类不动产时常见又很容易出纠纷（尤其是舆情），需要特别注意的一个问题。

《最高人民法院关于商品房消费者权利保护问题的批复》（法释〔2023〕1号）第二条规定，“商品房消费者以居住为目的购买房屋并已支付全部价款，主张其房屋交付请求权优先于建设工程价款优先受偿权、抵押权以及其他债权的，人民法院应当予以支持。只支付了部分价款的商品房消费者，在一审法庭辩论终结前已实际支付剩余价款的，可以

---

① 《税收征收管理法》第四十五条　税务机关征收税款，税收优先于无担保债权，法律另有规定的除外；纳税人欠缴的税款发生在纳税人以其财产设定抵押、质押或者纳税人的财产被留置之前的，税收应当先于抵押权、质权、留置权执行。

纳税人欠缴税款，同时又被行政机关决定处以罚款、没收违法所得的，税收优先于罚款、没收违法所得。

税务机关应当对纳税人欠缴税款的情况定期予以公告。

适用前款规定”。这就是所谓的“商品房消费优先权”。

在强制执行房地产开发企业名下房产时，建议和房地产开发企业进行特别确认，是否存在已经出售但未办理房本的情况。另外，可在每一处房屋张贴税务机关强制拍卖、变卖的告示，以便相关人员提出商品房消费优先权主张。

（四）关于轮候查封

轮候查封就是对其他执行机关已经查封的财产，税务机关依次按时间先后在登记机关进行登记，排队等候，在其他执行机关查封依法解除或到期不续封后，在先的轮候查封自动转化为正式查封的制度。在先的查封有效存续时，轮候查封处于一种排队等候的效力待定状态。在轮候查封转化为生效的查封之前，这种排队等候的权利不会产生强制执行效果。

根据《税收征收管理法》第四十条规定，税务机关对不动产强制执行必须采取查封措施（又称执行控制措施），即先将查封价值相当于应纳税款的不动产，再对其进行拍卖、变卖以抵缴税款。但实务中，经常出现的情况是，被执行人的不动产已被司法机关先行查封。此时，税务机关的《协助执行通知》确定的查封权，只能留待先查封的司法机关查封到期不续封，才能转为正式查封。

注意：作为执行控制措施的查封，只有正式发生法律效力后，税务机关才能采取拍卖、变卖手段。但轮候查封不发生正式查封效力，所以，税务机关不能对被其他执行机关查封的不动产采取强制执行措施。但笔者认为，可申请被执行企业破产清算以便税务机关可优先受偿，或要求查封的执行机关协助执行剩余财产用于清偿税收债权。

（五）核实不动产现状

虽然被强制执行的不动产是被执行人的财产，但税务强制执行时，负有交付义务的是税务机关。为保证未来拍卖、变卖后，能及时交付不动产给买受人，笔者建议，在决定执行前，税务机关派人员前往不动产所在地，实地查看下不动产的情况，特别是是否有租户使用、产权纠纷等情形。必要时，在不动产周围显眼位置，发布相关公告，以便让更多人知晓该不动产即将被税务机关强制执行，督促其尽快提出相关权利主张。

在通辽市科尔沁区地方税务局与张某德、通辽市远大拍卖有限责任公司拍卖合同纠纷案[①]中，法院指出，通辽市

① 内蒙古自治区通辽市中级人民法院民事判决书（2016）内05民终737号。

科尔沁区地方税务局在本案中作为拍卖活动的委托人，应保证拍卖标的无权利瑕疵，同时亦负有向买受人交付拍卖标的的义务，张某德因不能取得拍卖标的而产生的损失应由委托人承担赔偿责任。

第三步 发出责令限期缴纳通知

对于《税收征收管理法》第四十条规定的“责令限期缴纳”程序和《行政强制法》第三十五条[①]规定的“催告”程序的先后顺序，未见相关规定。笔者认为，依税收征收管理实务来看，“责令限期缴纳”应发生在“催告”程序前。所以，将“责令限期缴纳”作为税务机关强制执行不动产的第三步。针对“责令限期缴纳”，依照笔者的经验，需要注意如下问题：

一、文书样式

据笔者了解，大多数税务局都以《税务事项通知书

---

① 《行政强制法》第三十五条 行政机关作出强制执行决定前，应当事先催告当事人履行义务。催告应当以书面形式作出，并载明下列事项：

（一）履行义务的期限；

（二）履行义务的方式；

（三）涉及金钱给付的，应当有明确的金额和给付方式；

（四）当事人依法享有的陈述权和申辩权。

（限期缴纳税款通知）》的形式发出责令限期缴纳税款通知。唯一查询到的是《上海市国家税务局 上海市地方税务局关于进一步加强税款催缴管理的通知》（沪国税征科〔2014〕20号）对《限期缴纳税款通知书》格式进行了明确。

对于欠税人发出限期缴纳税款通知，应明确法律依据为《税收征收管理法》第四十条第一款规定，应明确缴纳税款的期限和缴纳税款的详细种类、具体金额。正因此，税务机关需给予其复议和诉讼的法律救济权利。还应规定，逾期仍不缴纳的，税务机关将依照《税收征收管理法》第四十条规定，采取相应的强制执行措施。

二、需专门通知

根据《税收征收管理法》第四十条规定，我们应知道，责令限期缴纳税款通知应专门作出。笔者认为，不能因在诸如《税收处理决定书》有规定缴款期限，而不单独发出责令限期缴纳税款通知。

需要注意的是：不能以《责令限期改正通知书》取代《责令限期缴纳税款通知书》或《税务事项通知书（限期缴纳税款通知）》，因为前者适用于催报，后者适用于催缴。

第四步　发出催告书

对欠税人发出催告书，是《行政强制法》第三十五条的明文规定。虽然依据《税收征收管理法》第四十条规定，税务机关已经发出责令限期缴纳通知，但是并不妨碍税务机关必须按《行政强制法》第三十五条发出《催告书》。若不按此规定执行，税务机关可能面临行政诉讼败诉风险。

一、文书样式

催告必须以书面形式作出，对此《行政强制法》第三十五条有明确规定。至于催告书样式，根据是否申请人民法院强制执行，国家税务总局将催告书分为两类：申请人民法院强制执行适用和行政强制执行适用。具体文书样式分别见：国家税务总局公告2024年第1号、国家税务总局公告2021年第23号《国家税务总局关于修订部分税务执法文书的公告》。

二、催告天数

对于“自收到本催告书之日起”多少日内要求欠税人履行缴税义务，《行政强制法》未见相关规定。但根据上述《国家税务总局关于修订部分税务执法文书的公告》规定样式均要求10日内。笔者认为，这里关于“10日内”的写法没有明确法律规定依据，实际适用该文书可自由裁量，建议在3日至10日之间进行选择。

三、陈述申辩记录

《行政强制法》第三十六条规定，“当事人收到催告书后有权进行陈述和申辩。行政机关应当充分听取当事人的意见，对当事人提出的事实、理由和证据，应当进行记录、复核。当事人提出的事实、理由或者证据成立的，行政机关应当采纳。”

据笔者观察，部分税务工作人员不重视发出催告书后做好当事人陈述申辩记录工作。笔者建议：即使是当事人无意见或联系不上，也要准确记载该事项。如有条件，建议陈述申辩过程全程录像。

对上述要点，笔者认为，在陕西千叶房地产开发有限责任公司与国家税务局西安市未央区税务局税收强制执行纠纷案[①]中，法官的观点值得我们重视。即：根据《行政强制法》第三十五条、第三十六条、第三十七条规定，行政机关应当履行催告义务，并充分保障当事人的行使陈述、申辩权利。

因此，行政机关向行政相对人作出强制执行决定的，必须同时满足以下三个条件：（1）行政机关向当事人作出了书面催告，并说明了履行义务的期限、方式和享有的陈述、申辩权利；（2）当事人在催告期内行使陈述、申辩权利的，行政机关进行了复核；（3）催告期届满当事人仍不履行且无正当理由。

① 西安铁路运输法院行政判决书（2019）陕7102行初3028号

第五步　重大执法决定法制审核

行政执法公示制度、执法全过程记录制度、重大执法决定法制审核制度（统称“三项制度”）是深入贯彻习近平总书记关于优化税务执法方式等重要指示批示精神，认真落实《中共中央关于全面推进依法治国若干重大问题的决定》和《法治政府建设实施纲要（2021—2025年）》有关要求的重大执法制度。在税收保全、强制执行过程，必须贯彻实施三项制度。

《国家税务总局关于印发〈优化税务执法方式全面推行“三项制度”实施方案〉的通知》（税总发〔2019〕31号，以下简称“31号公告”）规定，凡涉及重大公共利益，可能造成重大社会影响或引发社会风险，直接关系行政相对人或第三人重大权益，经过听证程序作出税务执法决定，以及案件情况疑难复杂、涉及多个法律关系的，都要进行法制审核。

税务机关强制执行不动产，需要提交以下资料供法制审核机构审核：重大执法决定法制审核提请表、税务事项通知书（限期缴纳税款通知）、催告书（行政强制执行适用）、税务行政执法审批表、税务处理决定书、税务行政处罚决定书、陈述申辩笔录、其他相关文书及证据材料等。

一、未经法制审核，不得强制执行

31号公告指出，税务机关作出重大执法决定之前，要严格进行法制审核，未经法制审核或审核未通过的，不得作出决定。按此表述，法制审核是强制执行前的必备程序，不得忽略，若未经法制审核，则税务机关的强制执行行为可被法院依法撤销。

在山西泽州天泰锦辰煤业有限公司与泽州县人力资源和社会保障局行政处理纠纷案①中，法院认为，《行政诉讼法》第三十四条规定，被告（泽州县人力资源和社会保障局，下同）对作出的行政行为负有举证责任，应当提供作出该行政行为的证据和所依据的规范性文件。被告不提供或者无正当理由逾期提供证据，视为没有相应证据。《山西省行政执法条例》第二十七条规定，行政执法机关作出重大执法决定前，应当进行法制审核，未经法制审核或者审核未通

① 山西省高平市人民法院行政判决书（2021）晋0581行初5号。

过的，不得作出决定。本案中，被告对原告（山西泽州天泰锦辰煤业有限公司，下同）作出按应付金额1660300元的80%加付1328240元赔偿金的行政处理决定，属于重大执法决定，被告未提供证据证明其作出该行政处理决定前进行了法制审核，应视为其没有进行法制审核，被告行为违反《山西省行政执法条例》有关法制审核的规定。被告作出泽人社监理字〔2020〕第5012号《劳动保障监察行政处理决定书》违反法定程序，应予撤销。

二、法制审核替代形式仅限列举情形

实务中，有税务机关提出已经在局长办公会上讨论过的强制执行，能否不再进行法制审核？笔者的回答是，局长办公会参会人员一般不能满足不少于本单位从事行政处罚、行政强制、行政检查、行政征收、行政许可等执法活动的人员总数的5%，所以从人员构成和人数上就不满足31号公告的要求。更不用说，根据31号公告，各地税务机关都成立了本局的重大执法决定法制审核委员会。法制审核这一职责应由该委员会来担当，而不是局办公会。

31号公告指出，唯一可替代法制审核的程序是税务稽查案件审理、重大税务案件审理。其规定，税务稽查案件审理、重大税务案件审理属于法制审核，其审核范围、内容、程序等分别适用《税务稽查工作规程》《重大税务案件审理办法》的有关规定。

在深圳市某某商贸有限公司、国家税务总局深圳市税务局第三稽查局等行政处罚纠纷案[①]中，关于原告主张被告第三稽查局作出××号处罚决定书未经法制审核、未经集体讨论决定程序、调取账簿资料程序违法。法院认为，本案中，被告第三稽查局系经过集体审理后作出《深圳市某某商贸有限公司案件集体审理纪要》，根据《优化税务执法方式全面推行“三项制度”实施方案》（税总发〔2019〕31号）第二条第（三）项的规定，税务稽查案件审理、重大税务案件审理属于法制审核，县以上税务机关负责法制工作的机构、稽查局审理部门是重大执法决定法制审核机构，故被告第三稽查局集体审理并作出审理纪要系法制审核的过程。本案还经过国家税务总局深圳市税务局稽查局重点税务案件审理委员会集体审理后作出《重点案件集体审理意见书》。原告主张本案程序未经法制审核、未经集体讨论决定，无事实依据，本院不予采纳。

① 广东省深圳市盐田区人民法院行政判决书（2022）粤0308行初3140号。

三、准确把握法制审核人员资质要求

《行政处罚法》第五十八条[①]第二款规定，行政机关中初次从事行政处罚决定法制审核的人员，应当通过国家统一法律职业资格考试取得法律职业资格。对此要求，可从两方面理解：（1）必须是初次从事法制审核的人员；（2）必须是从事行政处罚法制审核的人员。

至于不动产强制执行法制审核，即使是初次从事法制审核，也无取得法律职业资格要求。所以，31号公告提出的要求是“把政治素质高、业务能力强、具有法律专业背景的人员调整充实到法制审核岗位”，而不是要求法制审核人员必须都有法律职业资格。

① 《行政处罚法》第五十八条　有下列情形之一，在行政机关负责人作出行政处罚的决定之前，应当由从事行政处罚决定法制审核的人员进行法制审核；未经法制审核或者审核未通过的，不得作出决定：

（一）涉及重大公共利益的；

（二）直接关系当事人或者第三人重大权益，经过听证程序的；

（三）案件情况疑难复杂、涉及多个法律关系的；

（四）法律、法规规定应当进行法制审核的其他情形。

行政机关中初次从事行政处罚决定法制审核的人员，应当通过国家统一法律职业资格考试取得法律职业资格。

四、法制审核贯彻不动产强制始终

不论后续将提到的查封不动产还是拍卖、变卖不动产，都需要进行执法行为法制审核。注意，不是强制执行整体的法制审核，是查封不动产和拍卖、变卖不动产的分别法制审核。

第六步　经局长批准

《税收征收管理法》第四十条规定，经县以上税务局（分局）局长批准，税务机关可以采取强制执行措施。对本句话的理解和适用有如下重难点：

一、县级税务局长可批准

根据全国人民代表大会常务委员会法制工作委员会关于印送《立法技术规范（试行）（一）》的函（法工委发〔2009〕62号）规定，“以上”“以下”均包括本数。

所以，这里的县以上税务局（分局）局长，包括县级税务局。即县级税务局局长就可批准强制执行房地产。

二、稽查局局长不能批准

关于稽查局局长能否批准强制执行，我们可以从《税收征收管理法》及其实施细则中找到答案。《税收征收管理法》第十四条规定，“本法所称税务机关是指各级税务局、税务分局、税务所和按照国务院规定设立的并向社会公告的税务机构。”

而《税收征收管理法实施细则》第九条规定，“税收征管法第十四条所称按照国务院规定设立的并向社会公告的税务机构，是指省以下税务局的稽查局。稽查局专司偷税、逃避追缴欠税、骗税、抗税案件的查处。国家税务总局应当明确划分税务局和稽查局的职责，避免职责交叉。”所以，稽查局不属于这里的“县以上税务局（分局）”。

《税收征收管理法》第四十条规定之所以将稽查局局长排除在外，原因可能在于立法者认为稽查局负责稽查案件的选案、检查、审理、执行全流程工作，由所属税务局负责强制执行审批，可有效控制稽查局的执法风险。

三、关于县税务局下属分局长批准权

《税收征收管理法》第四十条规定的“县以上税务局（分局）局长”是否包括县级税务局下属分局长？

这一问题的关键在于“县以上”是限定税务局还是同时限定分局？笔者认为，应同时限定税务局和分局，即分局长也必须是县级以上。不然就会出现：A县税务局长可审批，A县税务局第X分局的分局长也可以审批。

税务管理体制下，我国设置分局的仅有三级：省级税务局及管理分局、市级税务局及管理分局、县级税务局及管理分局。国家税务总局局长、省级税务局局长、市级税务局局长、县级税务局局长强制执行批准权无异议，但若县级税务局管理分局局长也有强制执行批准权，就等于三级分局长都有强制执行批准权。《税收征收管理法》第四十条规定的“县以上税务局（分局）局长”，就没有实际意义。

综上，笔者认为，县税务局下属分局局长无强制执行批准权。而若市级、省级税务局下属分局长也无强制执行批准权，上述规定中的“(分局)”就不应存在，所以这里分局长应只包括市级、省级税务局下属分局。

注意：报县以上税务局（分局）局长批准，所用执法文书为《税务行政执法审批表》。

第七步　查封不动产

《税收征收管理法》第四十条第一款第（二）项规定，“扣押、查封、依法拍卖或者变卖其价值相当于应纳税款的商品、货物或者其他财产，以拍卖或者变卖所得抵缴税款。”这句话具体到强制执行不动产，可分为两个步骤：（1）查封不动产；（2）拍卖、变卖不动产。查封不动产是强制执行不动产的必要准备动作。

查封不动产是税收保全措施还是税收强制执行措施？也许部分读者不甚了解。笔者认为，查封不动产是税收保全措施，同时也是税收强制执行措施的准备动作。查封是控制性措施，拍卖、变卖是处置性措施。与直接划扣存款不同，需要先对不动产采取控制，后续才能保证顺利开展处置。为此，《税收征收管理法》第三十八条[①]和第四十条都对查封、扣押措施。

一、查封前注意事项

关于查封不动产前的注意事项，笔者在第二步有所提及。在此，笔者补充说明如下：

（一）已网签不动产，可有条件查封

实务中，税务机关时常遇到的是，需要查封的不动产，

---

① 《税收征收管理法》第三十八条　税务机关有根据认为从事生产、经营的纳税人有逃避纳税义务行为的，可以在规定的纳税期之前，责令限期缴纳应纳税款；在限期内发现纳税人有明显的转移、隐匿其应纳税的商品、货物以及其他财产或者应纳税的收入的迹象的，税务机关可以责成纳税人提供纳税担保。如果纳税人不能提供纳税担保，经县以上税务局（分局）局长批准，税务机关可以采取下列税收保全措施：

（一）书面通知纳税人开户银行或者其他金融机构冻结纳税人的金额相当于应纳税款的存款；

（二）扣押、查封纳税人的价值相当于应纳税款的商品、货物或者其他财产。

纳税人在前款规定的限期内缴纳税款的，税务机关必须立即解除税收保全措施；限期期满仍未缴纳税款的，经县以上税务局（分局）局长批准，税务机关可以书面通知纳税人开户银行或者其他金融机构从其冻结的存款中扣缴税款，或者依法拍卖或者变卖所扣押、查封的商品、货物或者其他财产，以拍卖或者变卖所得抵缴税款。

个人及其所扶养家属维持生活必需的住房和用品，不在税收保全措施的范围之内。

特别是房屋，已经被网签至第三人名下。此时，税务机关能否查封、如何查封该不动产，大多有疑问。我们需要先了解下，什么是“网签”。常说的“网签”是指在房地产交易中，交易双方签订合同后，到房地产相关部门进行备案，并将合同信息公布在网上。网签是为了增加房地产交易的透明度，防止“一房多卖”等欺诈行为。网签是一种行政管理的手段，主要用于实现交易的透明化和便于管理，但并不具备物权变动的法律效力。

“网签”的直接法律依据是《民法典》第二百二十一条，即“当事人签订买卖房屋的协议或者签订其他不动产物权的协议，为保障将来实现物权，按照约定可以向登记机构申请预告登记。预告登记后，未经预告登记的权利人同意，处分该不动产的，不发生物权效力。预告登记后，债权消灭或者自能够进行不动产登记之日起九十日内未申请登记的，预告登记失效。”

为此，税务机关若需查封已网签不动产，解决方案就隐藏在这条法律规定中。笔者建议，对于已网签不动产，从网签合同约定内容入手，主要看应进行不动产登记之日起九十日内是否未申请登记。对于债权是否消灭，可以结合被执行人和网签权利人提供的相关证据进行判断。对于债权已消灭或网签合同约定进行不动产登记之日起九十日内未申请登记的不动产，税务机关可申请不动产登记部门宣告预告登记失效，进而直接查封该不动产。

（二）房地不一体，也可查封

一般来说，房屋（房产）和土地使用权的持有主体是一致的，但实务中也会出现“房地不一体”的情况。

比如，A公司在B公司的土地上建设厂房，就形成土地使用权是B公司的，厂房所有权属于A公司的局面。如果A公司欠税，税务机关对A公司所有的厂房进行强制执行时，是否会因为厂房所在土地使用权属于B公司，而不能对A公司厂房进行查封、拍卖？

虽然根据《民法典》第三百五十六条和第三百五十七条[①]规定，房随地走、地随房走。但这一规定针对的是房产处置的原则，并不影响查封这一控制措施。参考《最高人民法院、国土资源部、建设部关于依法规范人民法院执行和国土资源房地产管理部门协助执行若干问题的通知》（法发

---

① 《民法典》第三百五十六条　建设用地使用权转让、互换、出资或者赠与的，附着于该土地上的建筑物、构筑物及其附属设施一并处分。

《民法典》第三百五十七条　建筑物、构筑物及其附属设施转让、互换、出资或者赠与的，该建筑物、构筑物及其附属设施占用范围内的建设用地使用权一并处分。

〔2004〕5号）第六条“土地使用权和房屋所有权归属同一权利人的，人民法院应当同时查封；土地使用权和房屋所有权归属不一致的，查封被执行人名下的土地使用权或者房屋。”之规定，笔者认为，对于房地不一体的房产或土地使用权，税务机关可以依法查封。

（三）超额不动产，也可查封

对于不动产价值远超欠税金额（含滞纳金及处置费用等），根据行政执法比例和合理原则，税务机关不能对其进行查封、处置。

例如，A公司欠税200万元，税务机关不能对该公司持有的价值5000万元的房产进行查封、处置。但若该公司仅有这一处房产，且不可分割，税务机关也可以进行查封、处置。法律依据就在于《税收征收管理法实施细则》第六十五条有规定，“对价值超过应纳税额且不可分割的商品、货物或者其他财产，税务机关在纳税人、扣缴义务人或者纳税担保人无其他可供强制执行的财产的情况下，可以整体扣押、查封、拍卖。以拍卖所得抵缴税款、滞纳金、罚款以及扣押、查封、保管、拍卖等费用。”

需要注意的是，根据《税收征收管理法实施细则》第六十九条[①]第二款规定，对于超额不动产，拍卖或者变卖所得抵缴税款、滞纳金、罚款以及拍卖、变卖等费用后，剩余部分应当在3日内退还被执行人。

二、查封不动产文书

查封不动产所用税务执法文书包括《税务行政执法审批表》《税收保全措施决定书（扣押/查封适用）》《查封、扣押商品、货物或者其他财产专用收据（清单）》《协助执行通知书（一）》《税务文书送达回证》。其中，《税务文书送达回证》系常规执法文书，在此不赘述。其他文书分别说明如下：

（一）关于《税务行政执法审批表》

根据该表说明，该表于税务机关内部审批税收执法行

---

① 《税收征收管理法实施细则》第六十九条　税务机关将扣押、查封的商品、货物或者其他财产变价抵缴税款时，应当交由依法成立的拍卖机构拍卖；无法委托拍卖或者不适于拍卖的，可以交由当地商业企业代为销售，也可以责令纳税人限期处理；无法委托商业企业销售，纳税人也无法处理的，可以由税务机关变价处理，具体办法由国家税务总局规定。国家禁止自由买卖的商品，应当交由有关单位按照国家规定的价格收购。

拍卖或者变卖所得抵缴税款、滞纳金、罚款以及扣押、查封、保管、拍卖、变卖等费用后，剩余部分应当在3日内退还被执行人。

为时适用。该表不直接作为税收执法行为的法律文书。所谓的税收执法行为，包括调取账簿、检查存款账户、税收保全措施、税收强制执行措施等需要税务局长审批的执法行为。

（二）关于《税收保全措施决定书（扣押/查封适用）》

虽然查封、扣押措施同时出现在《税收征收管理法》第三十八条、第四十条规定中，但国家税务总局仅规定了税收保全措施的查封、扣押所用文书，并未规定税收强制执行的查封、扣押所用文书。《国家税务总局关于修订部分税务执法文书的公告》（国家税务总局公告2021年第23号）所附附件目录，可以看出这一点。

那么，在税收强制执行程序中能否适用《税收保全措施决定书（扣押/查封适用）》？笔者认为，可以。上述23号文中《税收保全措施决定书（扣押/查封适用）》的使用说明指出：“本文书依据《税收征收管理法》第三十七条、第三十八条、第四十条、第五十五条规定及《税收征收管理法实施细则》、《行政强制法》第二十四条、第二十五条规定设置”，这说明，《税收保全措施决定书（扣押/查封适用）》可适用于税收强制执行程序中。

需要特别注意的是，在税收强制执行程序中使用《税收保全措施决定书（扣押/查封适用）》，应填写“根据《税收征收管理法》第四十条或第五十五条规定”；在税收保全程序中使用《税收保全措施决定书（扣押/查封适用）》，应填写“根据《税收征收管理法》第三十七条或第三十八条规定”。

（三）关于《查封、扣押商品、货物或者其他财产专用收据（清单）》

据笔者观察，大部分税务机关查封不动产时，都忽略了本文书的使用。根据《国家税务总局关于印发全国统一税收执法文书式样的通知》（国税发〔2005〕179号，以下简称：总局179号文）附件1《全国统一税收执法文书式样》规定，本清单依据《税收征收管理法》第四十七条设置，在税务机关在查封商品、货物或者其他财产时使用。本清单为《税收保全措施决定书（扣押/查封适用）》附件；税务机关查封商品、货物或者其他财产的价值，参照同类商品的市场价、出厂价或者评估价估算。税务机关按上述方法确定应查封的商品、货物或其他财产的价值时，还应当包括滞纳金和查封、保管、拍卖、变卖过程中所发生的费用。

（四）关于《协助执行通知书（一）》

关于税务机关适用的《协助执行通知书》，国家税务总局179号文发布了三个《协助执行通知书》，《协助执行通知书（一）》适用于税务机关在通知有关机关协助执行税收保全措施时使用；《协助执行通知书（二）》适用于税务机关在通知有关机关协助执行解除税收保全措施时使用；《协助执行通知书（三）》适用于税务机关通知有关机关协助买受人办理拍卖的动产或不动产的过户手续时使用。

至于《协助执行通知书（一）》的适用，笔者提醒注意两点：（1）法律依据是《税收征收管理法》第五条、《税收征收管理法实施细则》第六十六条；（2）要与《税收保全措施决定书（扣押/查封适用）》《税务文书送达回证》一并使用。

三、查封不动产期限

关于查封不动产的期限问题，实务中有不少争议。笔者见过不动产查封三年又三年的。借本书出版之机会，笔者重申自己的观点如下：

（一）三种观点及理由

1.观点一：最长时间为60天及理由

持此观点的人认为，《行政强制法》第二十五条[①]第一款规定，查封、扣押的期限不得超过三十日；情况复杂的，经行政机关负责人批准，可以延长，但是延长期限不得超过三十日。所以，税务机关查封的最长时间为60日。

2.观点二：最长时间为6个月及理由

持此观点的人认为，《税收征收管理法实施细则》第八十八条规定，“依照税收征管法第五十五条规定，税务机关采取税收保全措施的期限一般不得超过6个月；重大案件需要延长的，应当报国家税务总局批准。”所以，税务机关查封的最长时间为6个月。

3.观点三：最长时间为3年及理由

持此观点的人认为，最高人民法院关于适用《中华人

---

① 《行政强制法》第二十五条　查封、扣押的期限不得超过三十日；情况复杂的，经行政机关负责人批准，可以延长，但是延长期限不得超过三十日。法律、行政法规另有规定的除外。

延长查封、扣押的决定应当及时书面告知当事人，并说明理由。

对物品需要进行检测、检验、检疫或者技术鉴定的，查封、扣押的期间不包括检测、检验、检疫或者技术鉴定的期间。检测、检验、检疫或者技术鉴定的期间应当明确，并书面告知当事人。检测、检验、检疫或者技术鉴定的费用由行政机关承担。

民共和国民事诉讼法》的解释（2022年修正）第四百八十五条[①]第一款规定，人民法院冻结被执行人的银行存款的期限不得超过一年，查封、扣押动产的期限不得超过两年，查封不动产、冻结其他财产权的期限不得超过三年。所以，税务机关查封的最长时间为三年。

（二）一概而论、一刀切是错误的

首先，必须明确的是，作为税务机关的执法行为，是不能适用或参照《民事诉讼法》的相关规定进行查封的。这是个基本常识和原则，不容违背。因为行政查封和司法查封的性质截然不同。所以，税务机关查封不可能适用最长时间3年的查封措施。

那么，是按最长6个月还是60天呢？笔者认为：不能一概而论，应作分类处理，理由如下：

作为行政强制领域的特别法，税务机关应优先适用

---

① 最高人民法院关于适用《中华人民共和国民事诉讼法》的解释（2022年修正）第四百八十五条 人民法院冻结被执行人的银行存款的期限不得超过一年，查封、扣押动产的期限不得超过两年，查封不动产、冻结其他财产权的期限不得超过三年。

申请执行人申请延长期限的，人民法院应当在查封、扣押、冻结期限届满前办理续行查封、扣押、冻结手续，续行期限不得超过前款规定的期限。

人民法院也可以依职权办理续行查封、扣押、冻结手续。

《行政强制法》的相关规定。《行政强制法》第二十五条第一款规定的全部内容为："查封、扣押的期限不得超过三十日；情况复杂的，经行政机关负责人批准，可以延长，但是延长期限不得超过三十日。法律、行政法规另有规定的除外。"注意：这里的"法律、行政法规另有规定的除外"，就包括《税收征收管理法实施细则》。而《税收征收管理法实施细则》第八十八条规定："依照税收征管法第五十五条规定，税务机关采取税收保全措施的期限一般不得超过6个月；重大案件需要延长的，应当报国家税务总局批准。"《税收征收管理法》第五十五条规定，"税务机关对从事生产、经营的纳税人以前纳税期的纳税情况依法进行税务检查时，发现纳税人有逃避纳税义务行为，并有明显的转移、隐匿其应纳税的商品、货物以及其他财产或者应纳税的收入的迹象的，可以按照本法规定的批准权限采取税收保全措施或者强制执行措施。"结合《税收征收管理法》三十八条来看，可以行使包括查封、扣押在内的保全措施的还有税务稽查局外的其他税务机关，还包括税务局、税务分局、税务所。

（三）应分情况确定查封最长期限

笔者认为，根据《行政强制法》结合《税收征收管理法》及其实施细则规定，应分如下情况查封：

1. 检查时查封

根据《税收征收管理法实施细则》第八十八条规定，检查时查封一般不超过6个月；重大案件需要延长的，应当报国家税务总局批准。

2. 非检查时查封

根据《行政强制法》第二十五条第一款规定，非检查时查封最长时间不超过60日。

对此，国家税务总局《税收征管操作规范》（2.0版）第695页亦有明确，“查封、扣押、冻结的期限不得超过30日；但依照税收征管法第五十五条规定，税务机关采取查封、扣押的期限一般不得超过6个月；情况复杂的，经行政机关负责人批准，可以延长，但是延长期限不得超过30日。重大案件需要延长的，应当报国家税务总局批准。”笔者的上述结论与国家税务总局的上述规定内容契合。

（四）两点特别提醒

1. 查封针对场所和不动产，扣押针对动产，冻结针对存款、汇款。本书说的是查封不动产。

2.如果是冻结存款，根据《行政强制法》第三十二条[①]规定，非检查时冻结存款，需遵守不超过60日的要求。而根据第三十二条规定的“法律另有规定的除外”来看，检查时冻结存款也不得超过60日。因为《税收征收管理法实施细则》不是法律，是行政法规。

四、不动产查封的延期处理程序

税务机关对从事生产、经营的纳税人以前纳税期的纳税情况依法进行税务检查时，需要采取的查封、扣押期限一般不得超过6个月，重大案件需要延长税收保全期限的，应当逐级报请国家税务总局批准；其他情形下采取的税收保全措施，期限为30日，情况复杂的，可由批准采取税收保全的税务机关负责人批准，延长期限不得超过30日。税务机关应制作《税务事项通知书》，告知纳税人税收保全延长的决定。

① 《行政强制法》第三十二条　自冻结存款、汇款之日起三十日内，行政机关应当作出处理决定或者作出解除冻结决定；情况复杂的，经行政机关负责人批准，可以延长，但是延长期限不得超过三十日。法律另有规定的除外。

延长冻结的决定应当及时书面告知当事人，并说明理由。

第八步　拍卖、变卖不动产

拍卖是指税务机关将欠税人所有不动产依法委托拍卖机构，以公开竞价的形式，将特定财物转让给最高应价者的买卖方式。变卖是指税务机关将欠税人所有不动产委托商业企业代为销售、责令纳税人限期处理或由税务机关变价处理的买卖方式。

据笔者观察，对于不动产的拍卖、变卖，税务机关的经验较少，实务案例不多，以至于部分税务机关一提起拍卖、变卖不动产，就心生畏惧，不太自信，有畏难情绪。

一、拍卖、变卖不动产的原则

拍卖、变卖不动产，除遵循依法、公开、公正、公平、效率原则外，还需遵循如下原则：

（一）拍卖优先原则

税务机关按照拍卖优先的原则确定不动产的处置顺序，

即：（1）委托依法成立的拍卖机构拍卖；（2）无法委托拍卖或者不适于拍卖的，可以委托当地商业企业代为销售，或者责令被执行人限期处理；（3）无法委托商业企业销售，被执行人也无法处理的，由税务机关变价处理。

（二）参与竞拍例外原则

根据《抵税财物拍卖、变卖试行办法》（国家税务总局令第12号，以下简称：总局12号令）第九条规定，“税务机关及其工作人员不得参与被拍卖或者变卖商品、货物或者其他财产的竞买或收购，也不得委托他人为其竞买或收购。”

而根据《拍卖法》第二十二条规定，“拍卖人及其工作人员不得以竞买人的身份参与自己组织的拍卖活动，并不得委托他人代为竞买。”

上述两类单位及人员不参与税务机关委托的不动产拍卖程序，有利于维护公平的拍卖秩序，有利于欠税人最大化地清偿税收债务。

（三）法定拍卖机构拍卖原则

《拍卖法》第九条规定，“国家行政机关依法没收的物品，充抵税款、罚款的物品和其他物品，按照国务院规定应当委托拍卖的，由财产所在地的省、自治区、直辖市的人民政府和设区的市的人民政府指定的拍卖人进行拍卖。”

若有违反，根据《拍卖法》第五十九条规定，对税务机关负有直接责任的主管人员和其他直接责任人员依法给予行政处分，给国家造成损失的，还应当承担赔偿责任。

（四）继续追缴原则

拍卖、变卖不是欠税追缴的终点，只是强制执行措施中的一种。拍卖、变卖所得不足抵缴税款、滞纳金的，税务机关应当继续追缴，直至欠税及滞纳金被追缴完全或被执行人破产清算终结或自然人死亡且无遗产可供执行时止。

（五）保留价原则

拍卖保留价是指拍卖标的拍卖成交价应达到的最低价格基数。科学、合理、公平地制定拍卖保留价是拍卖活动中的重要环节。根据总局12号令规定，拍卖抵税财物应当确定保留价，由税务机关与被执行人协商确定，协商不成的，由税务机关参照市场价、出厂价或者评估价确定。拍卖一次流拍后，税务机关经与被执行人协商同意，可以将抵税财物进行变卖；被执行人不同意变卖的，应当进行第二次拍卖。不动产和文物应当进行第二次拍卖。第二次拍卖仍然流拍的，税务机关应当将抵税财物进行变卖，以抵缴税款、滞纳金或罚款。经过流拍再次拍卖的，保留价应当不低于前次拍卖保留价的2/3。

二、填制《税务行政执法审批表》

填制《税务行政执法审批表》是每一个重大税务执法行为必备程序，拍卖、变卖不动产也是其中之一。在拍卖或者变卖前，应当审查所查封不动产清单，查实被执行人与抵税财物的权利关系，核对盘点需要拍卖或者变卖的商品、货物或者其他财产是否与收据或清单一致。

三、拍卖、变卖前的准备工作

鉴于查封措施一般期限为最长60天，拍卖、变卖前一定要做充分的准备工作。总局12号令第六条第二项规定，“在拍卖或者变卖前，应当审查所扣押商品、货物、财产专用收据和所查封商品、货物、财产清单，查实被执行人与抵税财物的权利关系，核对盘点需要拍卖或者变卖的商品、货物或者其他财产是否与收据或清单一致。”这是国家税务总局有关拍卖前准备工作所作唯一明确规定。但笔者认为，这一规定并不能满足实务操作要求。

我们不妨从最高人民法院关于拍卖的相关规定中寻找些许启示，比如，《最高人民法院关于进一步规范网络司法拍卖工作的指导意见》(法〔2024〕238号，以下简称：最高法238号文)的相关规定对税务机关的强制执行工作就很有参考价值。

上述司法意见的下列内容，值得我们特别关注：(1)对不动产，应当通过调取登记信息、实地勘察、入户调查等方式，调查权属关系、占有使用情况、户型图、交易税目和税率、已知瑕疵等信息。(2)执行法院在财产调查过程中应当加大对虚假权利负担的甄别力度，案外人主张财产上存在租赁权、居住权等权利负担的，重点围绕合同签订时间、租赁或者居住权期限、租金支付、占有使用等情况，对权利负担的真实性进行审查。(3)发现存在或者可能存在欠付建设工程价款，但没有权利人主张的，执行法院可以通过张贴拍卖公告、调取工程合同、询问被执行人等方式查明有关权利人，通知其及时主张权利，争取一次性解决纠纷，减少后续争议。(4)对于无需由专业人员现场勘验或者鉴定且有大数据交易参考的住宅、机动车等财产，可以选择网络询价方式。当事人、利害关系人认为不应适用网络询价或者网络询价结果明显偏离市场价值，申请适用委托评估的，执行法院经审查可以准许。工业厂房、在建工程、土地使用权、商铺较多的综合市场、装修装饰价值较高的不动产以及股权、采矿权等特殊或者复杂财产，目前尚不具备询价条件，当事人议价不成时，应当适用委托评估。（5）执行法院应当全面如实披露财产调查所掌握的拍卖财产现状、占有使用情况、已知瑕疵和权利负担等信息，严禁隐瞒或者夸大拍卖财产瑕疵。拍卖财产为不动产的，执行法院应当在拍卖公告中公示不动产占有使用情况，不得在拍卖公告中使用“占有不明”“他人占用”等表述。决定“带租赁权”或者“带居住权”拍卖的，应当如实披露占有使用情况、租金、期限以及有关权利人情况等重要信息。法律、行政法规和司法解释对买受人有竞买资格限制的，应当在拍卖公告中予以公示。（6）对不动产进行处置，除有法定事由外，执行法院应当负责腾退交付，严禁在拍卖公告中声明“不负责腾退”。（7）需要组织腾退交付的，执行法院应当制作腾退预案，积极督促被执行人及有关占用人员主动搬离。对于督促后仍不主动搬离的，应当严格依法腾退，并做好执法记录、安全保障等工作。腾退过程中，被执行人、案外人存在破坏财产、妨碍执行等行为的，应当根据情节轻重予以罚款、拘留；构成犯罪的，应当依法追究刑事责任。（8）执行法院应当建立重大事项权力清单和台账，对起拍价、加价幅度、权利负担、唯一住房拍卖、自行处置、以物抵债、第三人以流拍价购买等重要事项应当合议决定，按程序报批，严格落实院局（庭）长阅核制，不得由执行人员一人作出决定。

人民法院执行局作为专门的司法执行机关，有大量的不动产处置经验和相关规定支持，值得不经常处置抵税财物的税务机关借鉴。若有必要，特别是遇到特殊情形，不知道如何处理时，税务机关工作人员可向法院执行人员请教，这是大有裨益的。

四、评估机构的选择

总局12号令第十一条规定，“抵税财物除有市场价或其价格依照通常方法可以确定的外，应当委托依法设立并具有相应资质的评估鉴定机构进行质量鉴定和价格评估，并将鉴定、评估结果通知被执行人。”这一规定，虽然直指拍卖保留价，但也指向如何选择评估机构的问题。关于不动产拍卖评估机构的选择，笔者认为有如下事项需要注意：

（一）评估不是必备程序

总局12号令第十一条规定，抵税财物除有市场价或其价格依照通常方法可以确定的外，应当委托依法设立并具有相应资质的评估鉴定机构进行质量鉴定和价格评估，并将鉴定、评估结果通知被执行人。拍卖抵税财物应当确定保留价，由税务机关与被执行人协商确定，协商不成的，由税务机关参照市场价、出厂价或者评估价确定。

通过上述规定，我们可以得出两个结论：（1）评估是优先程序，但不是必备程序。除有市场价或其价格依照通常方法可以确定的外，才需要进行评估。（2）评估价只是拍卖保留价确定的方式之一。市场价、出厂价或者评估价都是确定拍卖保留价的依据。

（二）评估机构有种类差异

关于房地产估价，涉及的评估机构有评估师事务所和房地产评估事务所，两者主要区别如下：（1）房地产估价师由住房和城乡建设部与自然资源部组织考试，而资产评估师由中国资产评估协会组织考试，由人力资源社会保障部和财政部负责监督和检查。（2）房地产估价师主要针对房地产的专门评估，包括房地产抵押贷款、司法案件涉及的房地产估价、房屋拆迁评估等。（3）资产评估师的执业范围更广，包括国有资产评估、机器设备、库存材料、股权、无形资产等所有资产的评估。（4）房地产估价师的考试内容包括房地产制度法规政策、房地产估价原理与方法、土地估价基础与实务等。资产评估师的考试内容则涉及资产评估基础、资产评估相关知识、资产评估实务等。（5）资产评估报告需要资产评估师签字，房产评估报告需要房地产估价师签字。

笔者认为，评估师事务所和房地产评估事务所都可以就房地产强制执行发表专业评估意见，都具有法律效力。

五、拍卖、变卖机构（平台）的选择

总局12号令第五条确定了拍卖优先原则，但对于如何落实“委托依法成立的拍卖机构拍卖”，并没有给出更明确的操作要求。而根据《拍卖法》第九条规定，“充抵税款物品的拍卖，由财产所在地的省、自治区、直辖市的人民政府和设区的市的人民政府指定的拍卖人进行拍卖。”

根据《拍卖管理办法》（2004年12月2日商务部令第24号公布，根据2015年10月28日《商务部关于修改部分规章和规范性文件的决定》第一次修订，根据2019年11月30日《商务部关于废止和修改部分规章的决定》第二次修订）第九条规定，“国家行政机关依法没收的物品，充抵税款、罚款的物品、人民法院依法没收的物品，充抵罚金、罚款的物品以及无法返还的追回物品和其他特殊国有资产等标的的拍卖应由具有相应拍卖资格的拍卖企业承担，具体资格条件由省级商务主管部门会同有关部门依据规范管理、择优选用的原则制定，并报商务部备案。”

经查询，各地会按期公布公物罚没物资拍卖企业名单，比如上海市商务委员会、上海市财政局于2023年4月28日发布的《上海市商务委员会 上海市财政局关于确定我市

2023—2025年度公物罚没物资拍卖企业的通知》（沪商服务〔2023〕108号），公布了包括“上海国际商品拍卖有限公司”等在内的53家企业，作为2023—2025年度公物罚没物资拍卖企业，可作为公物罚没物资处置单位选定委托机构的参考。

而海关系统因拍卖、变卖涉案财物较为普遍，为此专门制定了《海关涉案财物拍卖若干问题的规定》，这一规定也可供同为税收征收部门的税务机关强制执行时参考。针对拍卖机构的选择问题，天津海关、天津市商务局于2020年7月21日发布的《关于印发天津海关涉案财物公开拍卖企业遴选办法的通知》，这一做法值得我们借鉴。

笔者也在此呼吁，国家税务总局可参照最高人民法院及海关总署相关规定，加大税务机关强制执行的政策供给力度，以便各地税务机关更好地做好这项工作。

实务中，已经出现税务机关在京东拍卖、阿里拍卖平台上拍卖抵税财物（主要为不动产）的案例。例如福州市税务局第二稽查局、永泰县税务局、南昌县税务局、呼和浩特市新城区税务局、东莞市税务局等，均在京东拍卖平台上进行了拍卖。京东拍卖的联系电话为：400-622-9586，联系后京东拍卖会安排各地的负责人与你联系，沟通进一步的合作事宜。阿里拍卖的联系电话为：400-822-2870，联系时阿里拍卖会给你一个电话，让你去联系他，沟通进一步的合作事宜。

笔者与京东拍卖某地负责人沟通了解到，和京东拍卖的工作主要有两种方式：第一，仅使用其平台进行交易，评估、拍卖自行委托第三方，交易成功收费，不成功不收费。第二，委托京东拍卖公司进行拍卖并进行线上展示、交易，评估自行委托第三方。关于评估，京东拍卖提供大数据抓取合成评估结果，但这一做法和总局令第12号不相符。为此，笔者不建议使用这一做法，而是自行委托评估师事务所进行评估，并以此作为起拍价和保留价的依据。

六、拍卖、变卖所用执法文书

税务机关拍卖、变卖不动产，会主要使用到的执法文书包括：《税务行政执法审批表》及《税收强制执行决定书》（拍卖/变卖适用）、《拍卖/变卖抵税财物核查表》《拍卖/变卖抵税财物决定书》《拍卖/变卖结果通知书》《拍卖/变卖商品、货物或者其他财产清单》《协助执行通知书》及相应的《税务文书送达回证》。

（一）关于《税务行政执法审批表》

如前述，《税务行政执法审批表》是每一个重大税务执法行为的必备文书，是税务机关内部审核税务行政执法的重要审批文书。税收强制执行决定、拍卖、变卖抵税财物决定，都不例外。

（二）关于《税收强制执行决定书》

使用《税收强制执行决定书》时，需遵守《国家税务总局关于修订部分税务执法文书的公告》（国家税务总局公告2021年第23号）所附《税收强制执行决定书》（拍卖/变卖适用）之使用说明进行。

（三）关于《拍卖/变卖抵税财物核查表》

制作《拍卖/变卖财产核查表》，意在查实、核对拍卖、变卖的财产，以及被执行人与抵税财物的权利关系。笔者认为，这一步非常重要，事关拍卖、变卖的顺利进行及拍后不动产的实物交接。

（四）关于《拍卖/变卖抵税财物决定书》

《拍卖/变卖抵税财物决定书》系《税收强制执行决定书》的姊妹文书，需要与《税收强制执行决定书》先后发出，以便将不动产进行拍卖、变卖。使用该文书时，要注意：总局令第12号文颁布于2005年5月24日，但2014年《行政诉讼法》将起诉期限由三个月改为六个月，使用时应修改关于起诉期限的内容。

（五）关于《拍卖/变卖结果通知书》

根据总局令第12号文，这一文书适用于税务机关已拍卖（变卖）查封、扣押的纳税人的商品、货物或者其他财产，将结果通知纳税人时使用。具体填写要求详见该文书使用说明。

（六）关于《拍卖/变卖商品、货物或者其他财产清单》

作为《拍卖/变卖结果通知书》的附件，也应和《拍卖/变卖结果通知书》一并填写和发出。

（七）关于《协助执行通知书》

如前述，《协助执行通知书》有（一）（二）（三）共三种。在拍卖、变卖过程中，笔者认为需要用到《协助执行通知书（二）》《协助执行通知书（三）》。前者用于税务机关在通知有关机关协助执行解除税收保全措施时使用，后者用于税务机关通知有关机关协助买受人办理拍卖的动产或不动产的过户手续时使用，两者应是缺一不可。

七、拍卖、变卖所用的合同

根据总局第12号令，拍卖、变卖过程中，需要用到《鉴定、评估合同》《委托拍卖合同》《委托变卖合同》。

（一）关于《鉴定、评估合同》

总局第12号令对《鉴定、评估合同》并未明确其主要内容。笔者提醒一点：对于鉴定、评估费支付时间问题，应约定拍卖、变卖成功后支付。

（二）关于《委托拍卖合同》

根据总局第12号令第十七条规定，“税务机关应当与拍卖机构签订书面委托拍卖合同。委托拍卖合同应载明以下内容：（一）税务机关及拍卖机构的名称、住所、法定代表人姓名；（二）拍卖标的的名称、规格、数量、质量、存放地或者坐落地、新旧程度或者使用年限等；（三）拍卖的时间、地点，拍卖标的交付或转移的时间、方式，拍卖公告的方式及其费用的承担；（四）拍卖价款结算方式及价款给付期限；（五）佣金标准及其支付的方式、期限；（六）违约责任；（七）双方约定的其他事项。”

笔者提醒一点：对于拍卖费用支付时间，应约定在拍卖、变卖成功后支付。

（三）关于《委托变卖合同》

根据总局第12号令第二十二条规定，“委托商业企业变卖的，受委托的商业企业要经县以上税务机关确认，并与商业企业签订委托变卖合同，按本办法第二十一条规定的核价方式约定变卖价格。委托变卖合同应载明下列内容：（一）税务机关及商业企业的名称、地址、法定代表人姓名；（二）变卖商品、货物或其他财产的名称、规格、数量、质量、存放地或坐落地、新旧程度或使用年限等；（三）变卖商品、货物或其他财产的时间、地点及其费用的承担；（四）变卖价款结算方式及价款给付期限；（五）违约责任；（六）双方约定的其他事项。”

八、税款的实现和费用的支付

首先，我们必须了解的一点是，评估费、拍卖费都是在拍卖、变卖成功后，优先从拍卖、变卖所得价款中支付的，不是在签订评估、拍卖合同时支付。至于拍卖、变卖所得价款如何支付，总局第12号令对此有明确规定。

（一）税款、滞纳金和相关费用的支付顺序

总局第12号令第二十六条规定，“以拍卖、变卖收入抵缴未缴的税款、滞纳金和支付相关费用时按照下列顺序进行：

（一）拍卖、变卖费用。由被执行人承担拍卖变卖所发

生的费用，包括扣押、查封活动中和拍卖或者变卖活动中发生的依法应由被执行人承担的费用，具体为：保管费、仓储费、运杂费、评估费、鉴定费、拍卖公告费、支付给变卖企业的手续费以及其他依法应由被执行人承担的费用。

拍卖物品的买受人未按照约定领受拍卖物品的，由买受人支付自应领受拍卖财物之日起的保管费用。

（二）未缴的税款、滞纳金。

（三）罚款。下列情况可以用拍卖、变卖收入抵缴罚款：

1.被执行人主动用拍卖、变卖收入抵缴罚款的；

2.对价值超过应纳税额且不可分割的商品、货物或者其他财产进行整体扣押、查封、拍卖，以拍卖收入抵缴未缴的税款、滞纳金时，连同罚款一并抵缴；

3.从事生产经营的被执行人对税务机关的处罚决定逾期不申请行政复议也不向人民法院起诉、又不履行的，作出处罚决定的税务机关可以强制执行，抵缴罚款。”

从上述规定可以看出，拍卖、变卖费用优先支付，未缴的税款、滞纳金次之，税务行政罚款有条件支付。

（二）入库及退回期限要求

总局第12号令第二十七条规定，“拍卖或者变卖实现后，税务机关在结算并收取价款后3个工作日内，办理税款、滞纳金或者罚款的入库手续。”第二十八条规定，“拍卖或者变卖收入抵缴税款、滞纳金、罚款后有余额的，税务机关应当自办理入库手续之日起3个工作日内退还被执行人，并通知被执行人将拍卖、变卖全部收入记入当期销售收入额并在当期申报缴纳各种税款。”

第九步 不动产交付

对于大多数税务机关来说，都不重视不动产交接的相关风险。笔者认为，不动产拍卖、变卖成功是强制执行完成的重要组成部分，但不得不注意能否实现顺利交接的风险。

一、拍卖、变卖公告准确披露不动产现状

不是所有的不动产都是完美无瑕的，甚至大多数被拍卖、变卖的不动产都有或多或少的瑕疵。笔者认为，只有准确地披露不动产的现状（包括是否带租约、是否被抵押、是否有产权证明等），才能实现不动产的顺利交接。需要明确的一点是，税务机关强制执行不动产的交付义务主体是税务机关，不是欠税的被执行人。

二、保证竞卖人现场踏勘权，让其充分了解不动产相关情况

一般来说，拍卖、变卖不动产，都有一个现场踏勘的

阶段。为避免成交后，竞买人以不动产有瑕疵，不接收该不动产。现场踏勘阶段，一定不能省略，要让竞买人充分了解不动产相关情况，必要时可全程录像取证、备查。

三、及时交接不动产，不要拖延

拍卖、变卖成交后，税务机关要第一时间组织不动产交接，做好交接记录。鉴于当前房地产行情趋势，若交接时间过长，可能使得竞买人以各种借口拒绝接收不动产。

第二部分

相关政策法规汇编

一、中华人民共和国税收征收管理法（部分）

1.第五条 国务院税务主管部门主管全国税收征收管理工作。各地国家税务局和地方税务局应当按照国务院规定的税收征收管理范围分别进行征收管理。

地方各级人民政府应当依法加强对本行政区域内税收征收管理工作的领导或者协调，支持税务机关依法执行职务，依照法定税率计算税额，依法征收税款。

各有关部门和单位应当支持、协助税务机关依法执行职务。

税务机关依法执行职务，任何单位和个人不得阻挠。

2.第三十七条 对未按照规定办理税务登记的从事生产、经营的纳税人以及临时从事经营的纳税人，由税务机关核定其应纳税额，责令缴纳；不缴纳的，税务机关可以扣押其价值相当于应纳税款的商品、货物。扣押后缴纳应纳税款的，税务机关必须立即解除扣押，并归还所扣押的商品、货物；扣押后仍不缴纳应纳税款的，经县以上税务局（分局）局长批准，依法拍卖或者变卖所扣押的商品、货物，以拍卖或者变卖所得抵缴税款。

3. 第三十八条 税务机关有根据认为从事生产、经营的纳税人有逃避纳税义务行为的，可以在规定的纳税期之前，责令限期缴纳应纳税款；在限期内发现纳税人有明显的转移、隐匿其应纳税的商品、货物以及其他财产或者应纳税的收入的迹象的，税务机关可以责成纳税人提供纳税担保。如果纳税人不能提供纳税担保，经县以上税务局（分局）局长批准，税务机关可以采取下列税收保全措施：

（一）书面通知纳税人开户银行或者其他金融机构冻结纳税人的金额相当于应纳税款的存款；

（二）扣押、查封纳税人的价值相当于应纳税款的商品、货物或者其他财产。

纳税人在前款规定的限期内缴纳税款的，税务机关必须立即解除税收保全措施；限期期满仍未缴纳税款的，经县以上税务局（分局）局长批准，税务机关可以书面通知纳税人开户银行或者其他金融机构从其冻结的存款中扣缴税款，或者依法拍卖或者变卖所扣押、查封的商品、货物或者其他财产，以拍卖或者变卖所得抵缴税款。

个人及其所扶养家属维持生活必需的住房和用品，不在税收保全措施的范围之内。

4.第三十九条 纳税人在限期内已缴纳税款，税务机关未立即解除税收保全措施，使纳税人的合法利益遭受损失的，税务机关应当承担赔偿责任。

5.第四十条 从事生产、经营的纳税人、扣缴义务人未按照规定的期限缴纳或者解缴税款，纳税担保人未按照规定的期限缴纳所担保的税款，由税务机关责令限期缴纳，逾期仍未缴纳的，经县以上税务局（分局）局长批准，税务机关可以采取下列强制执行措施：

（一）书面通知其开户银行或者其他金融机构从其存款中扣缴税款；

（二）扣押、查封、依法拍卖或者变卖其价值相当于应纳税款的商品、货物或者其他财产，以拍卖或者变卖所得抵缴税款。

税务机关采取强制执行措施时，对前款所列纳税人、扣缴义务人、纳税担保人未缴纳的滞纳金同时强制执行。

个人及其所扶养家属维持生活必需的住房和用品，不在强制执行措施的范围之内。

6.第四十一条 本法第三十七条、第三十八条、第四十条规定的采取税收保全措施、强制执行措施的权力，不得由法定的税务机关以外的单位和个人行使。

7. 第四十二条 税务机关采取税收保全措施和强制执行措施必须依照法定权限和法定程序，不得查封、扣押纳税人个人及其所扶养家属维持生活必需的住房和用品。

8. 第四十三条 税务机关滥用职权违法采取税收保全措施、强制执行措施，或者采取税收保全措施、强制执行措施不当，使纳税人、扣缴义务人或者纳税担保人的合法权益遭受损失的，应当依法承担赔偿责任。

9. 第四十五条 税务机关征收税款，税收优先于无担保债权，法律另有规定的除外；纳税人欠缴的税款发生在纳税人以其财产设定抵押、质押或者纳税人的财产被留置之前的，税收应当先于抵押权、质权、留置权执行。

纳税人欠缴税款，同时又被行政机关决定处以罚款、没收违法所得的，税收优先于罚款、没收违法所得。

税务机关应当对纳税人欠缴税款的情况定期予以公告。

二、中华人民共和国税收征收管理法实施细则（部分）

1. 第五十七条 税收征管法第三十七条所称未按照规定办理税务登记从事生产、经营的纳税人，包括到外县（市）从事生产、经营而未向营业地税务机关报验登记的纳税人。

2. 第五十八条 税务机关依照税收征管法第三十七条的规定，扣押纳税人商品、货物的，纳税人应当自扣押之日起15日内缴纳税款。

对扣押的鲜活、易腐烂变质或者易失效的商品、货物，税务机关根据被扣押物品的保质期，可以缩短前款规定的扣押期限。

3. 第五十九条 税收征管法第三十八条、第四十条所称其他财产，包括纳税人的房地产、现金、有价证券等不动产和动产。

机动车辆、金银饰品、古玩字画、豪华住宅或者一处以外的住房不属于税收征管法第三十八条、第四十条、第四十二条所称个人及其所扶养家属维持生活必需的住房和用品。

税务机关对单价5000元以下的其他生活用品，不采取税收保全措施和强制执行措施。

4.第六十条 税收征管法第三十八条、第四十条、第四十二条所称个人所扶养家属，是指与纳税人共同居住生活的配偶、直系亲属以及无生活来源并由纳税人扶养的其他亲属。

5.第六十一条 税收征管法第三十八条、第八十八条所称担保，包括经税务机关认可的纳税保证人为纳税人提供的纳税保证，以及纳税人或者第三人以其未设置或者未全部设置担保物权的财产提供的担保。

纳税保证人，是指在中国境内具有纳税担保能力的自然人、法人或者其他经济组织。

6.第六十二条 纳税担保人同意为纳税人提供纳税担保的，应当填写纳税担保书，写明担保对象、担保范围、担保期限和担保责任以及其他有关事项。担保书须经纳税人、纳税担保人签字盖章并经税务机关同意，方为有效。

纳税人或者第三人以其财产提供纳税担保的，应当填写财产清单，并写明财产价值以及其他有关事项。纳税担保财产清单须经纳税人、第三人签字盖章并经税务机关确认，方为有效。

7.第六十三条 税务机关执行扣押、查封商品、货物或者其他财产时，应当由两名以上税务人员执行，并通知被执行人。被执行人是自然人的，应当通知被执行人本人或者其成年家属到场；被执行人是法人或者其他组织的，应当通知其法定代表人或者主要负责人到场；拒不到场的，不影响执行。

8.第六十四条 税务机关执行税收征管法第三十七条、第三十八条、第四十条的规定，扣押、查封价值相当于应纳税款的商品、货物或者其他财产时，参照同类商品的市场价、出厂价或者评估价估算。

税务机关按照前款方法确定应扣押、查封的商品、货物或者其他财产的价值时，还应当包括滞纳金和拍卖、变卖所发生的费用。

9.第六十五条 对价值超过应纳税额且不可分割的商品、货物或者其他财产，税务机关在纳税人、扣缴义务人或者纳税担保人无其他可供强制执行的财产的情况下，可以整体扣押、查封、拍卖。

10.第六十六条 税务机关执行税收征管法第三十七条、第三十八条、第四十条的规定，实施扣押、查封时，对有产权证件的动产或者不动产，税务机关可以责令当事人将产权证件交税务机关保管，同时可以向有关机关发出协助执行通知书，有关机关在扣押、查封期间不再办理该动产或者不动产的过户手续。

11.第六十七条 对查封的商品、货物或者其他财产，税务机关可以指令被执行人负责保管，保管责任由被执行人承担。

继续使用被查封的财产不会减少其价值的，税务机关可以允许被执行人继续使用；因被执行人保管或者使用的过错造成的损失，由被执行人承担。

12.第六十八条 纳税人在税务机关采取税收保全措施后，按照税务机关规定的期限缴纳税款的，税务机关应当自收到税款或者银行转回的完税凭证之日起1日内解除税收保全。

13.第六十九条 税务机关将扣押、查封的商品、货物或者其他财产变价抵缴税款时，应当交由依法成立的拍卖机构拍卖；无法委托拍卖或者不适于拍卖的，可以交由当地商业企业代为销售，也可以责令纳税人限期处理；无法委托商业企业销售，纳税人也无法处理的，可以由税务机关变价处理，具体办法由国家税务总局规定。国家禁止自由买卖的商品，应当交由有关单位按照国家规定的价格收购。

拍卖或者变卖所得抵缴税款、滞纳金、罚款以及拍卖、变卖等费用后，剩余部分应当在3日内退还被执行人。

14.第七十条 税收征管法第三十九条、第四十三条所称损失，是指因税务机关的责任，使纳税人、扣缴义务人或者纳税担保人的合法利益遭受的直接损失。

15.第七十一条 税收征管法所称其他金融机构，是指信托投资公司、信用合作社、邮政储蓄机构以及经中国人民银行、中国证券监督管理委员会等批准设立的其他金融机构。

16.第七十二条 税收征管法所称存款，包括独资企业投资人、合伙企业合伙人、个体工商户的储蓄存款以及股东资金账户中的资金等。

17.第七十三条 从事生产、经营的纳税人、扣缴义务人未按照规定的期限缴纳或者解缴税款的，纳税担保人未按照规定的期限缴纳所担保的税款的，由税务机关发出限期缴纳税款通知书，责令缴纳或者解缴税款的最长期限不得超过15日。

三、中华人民共和国行政强制法

（2011年6月30日第十一届全国人民代表大会常务委员会第二十一次会议通过）

目　录

第一章 总 则

第一条 为了规范行政强制的设定和实施，保障和监督行政机关依法履行职责，维护公共利益和社会秩序，保护公民、法人和其他组织的合法权益，根据宪法，制定本法。

第二条 本法所称行政强制，包括行政强制措施和行政强制执行。

行政强制措施，是指行政机关在行政管理过程中，为制止违法行为、防止证据损毁、避免危害发生、控制危险扩大等情形，依法对公民的人身自由实施暂时性限制，或者对公民、法人或者其他组织的财物实施暂时性控制的行为。

行政强制执行，是指行政机关或者行政机关申请人民法院，对不履行行政决定的公民、法人或者其他组织，依法强制履行义务的行为。

第三条 行政强制的设定和实施，适用本法。

发生或者即将发生自然灾害、事故灾难、公共卫生事件或者社会安全事件等突发事件，行政机关采取应急措施或者临时措施，依照有关法律、行政法规的规定执行。

行政机关采取金融业审慎监管措施、进出境货物强制性技术监控措施，依照有关法律、行政法规的规定执行。

第四条 行政强制的设定和实施，应当依照法定的权限、范围、条件和程序。

第五条 行政强制的设定和实施，应当适当。采用非强制手段可以达到行政管理目的的，不得设定和实施行政强制。

第六条 实施行政强制，应当坚持教育与强制相结合。

第七条 行政机关及其工作人员不得利用行政强制权为单位或者个人谋取利益。

第八条 公民、法人或者其他组织对行政机关实施行政强制，享有陈述权、申辩权；有权依法申请行政复议或者提起行政诉讼；因行政机关违法实施行政强制受到损害的，有权依法要求赔偿。

公民、法人或者其他组织因人民法院在强制执行中有违法行为或者扩大强制执行范围受到损害的，有权依法要求赔偿。

第二章　行政强制的种类和设定

第九条 行政强制措施的种类：

（一）限制公民人身自由；

（二）查封场所、设施或者财物；

（三）扣押财物；

（四）冻结存款、汇款；

（五）其他行政强制措施。

第十条 行政强制措施由法律设定。

尚未制定法律，且属于国务院行政管理职权事项的，行政法规可以设定除本法第九条第一项、第四项和应当由法律规定的行政强制措施以外的其他行政强制措施。

尚未制定法律、行政法规，且属于地方性事务的，地方性法规可以设定本法第九条第二项、第三项的行政强制措施。

法律、法规以外的其他规范性文件不得设定行政强制措施。

第十一条 法律对行政强制措施的对象、条件、种类作了规定的，行政法规、地方性法规不得作出扩大规定。

法律中未设定行政强制措施的，行政法规、地方性法规不得设定行政强制措施。但是，法律规定特定事项由行政法规规定具体管理措施的，行政法规可以设定除本法第九条第一项、第四项和应当由法律规定的行政强制措施以外的其他行政强制措施。

第十二条 行政强制执行的方式：

（一）加处罚款或者滞纳金；

（二）划拨存款、汇款；

（三）拍卖或者依法处理查封、扣押的场所、设施或者财物；

（四）排除妨碍、恢复原状；

（五）代履行；

（六）其他强制执行方式。

第十三条 行政强制执行由法律设定。

法律没有规定行政机关强制执行的，作出行政决定的行政机关应当申请人民法院强制执行。

第十四条 起草法律草案、法规草案，拟设定行政强制的，起草单位应当采取听证会、论证会等形式听取意见，并向制定机关说明设定该行政强制的必要性、可能产生的影响以及听取和采纳意见的情况。

第十五条 行政强制的设定机关应当定期对其设定的行政强制进行评价，并对不适当的行政强制及时予以修改或者废止。

行政强制的实施机关可以对已设定的行政强制的实施情况及存在的必要性适时进行评价，并将意见报告该行政强制的设定机关。

公民、法人或者其他组织可以向行政强制的设定机关和实施机关就行政强制的设定和实施提出意见和建议。有关机关应当认真研究论证，并以适当方式予以反馈。

第三章　行政强制措施实施程序

第一节　一般规定

第十六条　行政机关履行行政管理职责，依照法律、法规的规定，实施行政强制措施。

违法行为情节显著轻微或者没有明显社会危害的，可以不采取行政强制措施。

第十七条　行政强制措施由法律、法规规定的行政机关在法定职权范围内实施。行政强制措施权不得委托。

依据《中华人民共和国行政处罚法》的规定行使相对集中行政处罚权的行政机关，可以实施法律、法规规定的与行政处罚权有关的行政强制措施。

行政强制措施应当由行政机关具备资格的行政执法人员实施，其他人员不得实施。

第十八条　行政机关实施行政强制措施应当遵守下列规定：

（一）实施前须向行政机关负责人报告并经批准；

（二）由两名以上行政执法人员实施；

（三）出示执法身份证件；

（四）通知当事人到场；

（五）当场告知当事人采取行政强制措施的理由、依据以及当事人依法享有的权利、救济途径；

（六）听取当事人的陈述和申辩；

（七）制作现场笔录；

（八）现场笔录由当事人和行政执法人员签名或者盖章，当事人拒绝的，在笔录中予以注明；

（九）当事人不到场的，邀请见证人到场，由见证人和行政执法人员在现场笔录上签名或者盖章；

（十）法律、法规规定的其他程序。

第十九条 情况紧急，需要当场实施行政强制措施的，行政执法人员应当在二十四小时内向行政机关负责人报告，并补办批准手续。行政机关负责人认为不应当采取行政强制措施的，应当立即解除。

第二十条 依照法律规定实施限制公民人身自由的行政强制措施，除应当履行本法第十八条规定的程序外，还应当遵守下列规定：

（一）当场告知或者实施行政强制措施后立即通知当事人家属实施行政强制措施的行政机关、地点和期限；

（二）在紧急情况下当场实施行政强制措施的，在返回行政机关后，立即向行政机关负责人报告并补办批准手续；

（三）法律规定的其他程序。

实施限制人身自由的行政强制措施不得超过法定期限。

实施行政强制措施的目的已经达到或者条件已经消失，应当立即解除。

第二十一条 违法行为涉嫌犯罪应当移送司法机关的，行政机关应当将查封、扣押、冻结的财物一并移送，并书面告知当事人。

第二节 查封、扣押

第二十二条 查封、扣押应当由法律、法规规定的行政机关实施，其他任何行政机关或者组织不得实施。

第二十三条 查封、扣押限于涉案的场所、设施或者财物，不得查封、扣押与违法行为无关的场所、设施或者财物；不得查封、扣押公民个人及其所扶养家属的生活必需品。

当事人的场所、设施或者财物已被其他国家机关依法查封的，不得重复查封。

第二十四条 行政机关决定实施查封、扣押的，应当履行本法第十八条规定的程序，制作并当场交付查封、扣押决定书和清单。

查封、扣押决定书应当载明下列事项：

（一）当事人的姓名或者名称、地址；

（二）查封、扣押的理由、依据和期限；

（三）查封、扣押场所、设施或者财物的名称、数量等；

（四）申请行政复议或者提起行政诉讼的途径和期限；

（五）行政机关的名称、印章和日期。

查封、扣押清单一式二份，由当事人和行政机关分别保存。

第二十五条 查封、扣押的期限不得超过三十日；情况复杂的，经行政机关负责人批准，可以延长，但是延长期限不得超过三十日。法律、行政法规另有规定的除外。

延长查封、扣押的决定应当及时书面告知当事人，并说明理由。

对物品需要进行检测、检验、检疫或者技术鉴定的，查封、扣押的期间不包括检测、检验、检疫或者技术鉴定的期间。检测、检验、检疫或者技术鉴定的期间应当明确，并书面告知当事人。检测、检验、检疫或者技术鉴定的费用由行政机关承担。

第二十六条 对查封、扣押的场所、设施或者财物，行政机关应当妥善保管，不得使用或者损毁；造成损失的，应当承担赔偿责任。

对查封的场所、设施或者财物，行政机关可以委托第三人保管，第三人不得损毁或者擅自转移、处置。因第三人的原因造成的损失，行政机关先行赔付后，有权向第三人追偿。

因查封、扣押发生的保管费用由行政机关承担。

第二十七条 行政机关采取查封、扣押措施后，应当及时查清事实，在本法第二十五条规定的期限内作出处理决定。对违法事实清楚，依法应当没收的非法财物予以没收；法律、行政法规规定应当销毁的，依法销毁；应当解除查封、扣押的，作出解除查封、扣押的决定。

第二十八条 有下列情形之一的，行政机关应当及时作出解除查封、扣押决定：

（一）当事人没有违法行为；

（二）查封、扣押的场所、设施或者财物与违法行为无关；

（三）行政机关对违法行为已经作出处理决定，不再需要查封、扣押；

（四）查封、扣押期限已经届满；

（五）其他不再需要采取查封、扣押措施的情形。

解除查封、扣押应当立即退还财物；已将鲜活物品或者其他不易保管的财物拍卖或者变卖的，退还拍卖或者变卖所得款项。变卖价格明显低于市场价格，给当事人造成损失的，应当给予补偿。

第三节 冻结

第二十九条 冻结存款、汇款应当由法律规定的行政机关实施，不得委托给其他行政机关或者组织；其他任何行政机关或者组织不得冻结存款、汇款。

冻结存款、汇款的数额应当与违法行为涉及的金额相当；已被其他国家机关依法冻结的，不得重复冻结。

第三十条 行政机关依照法律规定决定实施冻结存款、汇款的，应当履行本法第十八条第一项、第二项、第三项、第七项规定的程序，并向金融机构交付冻结通知书。

金融机构接到行政机关依法作出的冻结通知书后，应当立即予以冻结，不得拖延，不得在冻结前向当事人泄露信息。

法律规定以外的行政机关或者组织要求冻结当事人存款、汇款的，金融机构应当拒绝。

第三十一条 依照法律规定冻结存款、汇款的，作出决定的行政机关应当在三日内向当事人交付冻结决定书。冻结决定书应当载明下列事项：

（一）当事人的姓名或者名称、地址；

（二）冻结的理由、依据和期限；

（三）冻结的账号和数额；

（四）申请行政复议或者提起行政诉讼的途径和期限；

（五）行政机关的名称、印章和日期。

第三十二条 自冻结存款、汇款之日起三十日内，行政机关应当作出处理决定或者作出解除冻结决定；情况复杂的，经行政机关负责人批准，可以延长，但是延长期限不得超过三十日。法律另有规定的除外。

延长冻结的决定应当及时书面告知当事人，并说明理由。

第三十三条 有下列情形之一的，行政机关应当及时作出解除冻结决定：

（一）当事人没有违法行为；

（二）冻结的存款、汇款与违法行为无关；

（三）行政机关对违法行为已经作出处理决定，不再需要冻结；

（四）冻结期限已经届满；

（五）其他不再需要采取冻结措施的情形。

行政机关作出解除冻结决定的，应当及时通知金融机构和当事人。金融机构接到通知后，应当立即解除冻结。

行政机关逾期未作出处理决定或者解除冻结决定的，金融机构应当自冻结期满之日起解除冻结。

第四章 行政机关强制执行程序

第一节 一般规定

第三十四条 行政机关依法作出行政决定后，当事人在行政机关决定的期限内不履行义务的，具有行政强制执行权的行政机关依照本章规定强制执行。

第三十五条 行政机关作出强制执行决定前，应当事先催告当事人履行义务。催告应当以书面形式作出，并载明下列事项：

（一）履行义务的期限；

（二）履行义务的方式；

（三）涉及金钱给付的，应当有明确的金额和给付方式；

（四）当事人依法享有的陈述权和申辩权。

第三十六条 当事人收到催告书后有权进行陈述和申辩。行政机关应当充分听取当事人的意见，对当事人提出的事实、理由和证据，应当进行记录、复核。当事人提出的事实、理由或者证据成立的，行政机关应当采纳。

第三十七条 经催告，当事人逾期仍不履行行政决定，且无正当理由的，行政机关可以作出强制执行决定。

强制执行决定应当以书面形式作出，并载明下列事项：

（一）当事人的姓名或者名称、地址；

（二）强制执行的理由和依据；

（三）强制执行的方式和时间；

（四）申请行政复议或者提起行政诉讼的途径和期限；

（五）行政机关的名称、印章和日期。

在催告期间，对有证据证明有转移或者隐匿财物迹象的，行政机关可以作出立即强制执行决定。

第三十八条 催告书、行政强制执行决定书应当直接送达当事人。当事人拒绝接收或者无法直接送达当事人的，应当依照《中华人民共和国民事诉讼法》的有关规定送达。

第三十九条 有下列情形之一的，中止执行：

（一）当事人履行行政决定确有困难或者暂无履行能力的；

（二）第三人对执行标的主张权利，确有理由的；

（三）执行可能造成难以弥补的损失，且中止执行不损害公共利益的；

（四）行政机关认为需要中止执行的其他情形。

中止执行的情形消失后，行政机关应当恢复执行。对没有明显社会危害，当事人确无能力履行，中止执行满三年未恢复执行的，行政机关不再执行。

第四十条 有下列情形之一的，终结执行：

（一）公民死亡，无遗产可供执行，又无义务承受人的；

（二）法人或者其他组织终止，无财产可供执行，又无义务承受人的；

（三）执行标的灭失的；

（四）据以执行的行政决定被撤销的；

（五）行政机关认为需要终结执行的其他情形。

第四十一条 在执行中或者执行完毕后，据以执行的行政决定被撤销、变更，或者执行错误的，应当恢复原状或者退还财物；不能恢复原状或者退还财物的，依法给予赔偿。

第四十二条 实施行政强制执行，行政机关可以在不损害公共利益和他人合法权益的情况下，与当事人达成执行协议。执行协议可以约定分阶段履行；当事人采取补救措施的，可以减免加处的罚款或者滞纳金。

执行协议应当履行。当事人不履行执行协议的，行政机关应当恢复强制执行。

第四十三条 行政机关不得在夜间或者法定节假日实施行政强制执行。但是，情况紧急的除外。

行政机关不得对居民生活采取停止供水、供电、供热、供燃气等方式迫使当事人履行相关行政决定。

第四十四条 对违法的建筑物、构筑物、设施等需要强制拆除的，应当由行政机关予以公告，限期当事人自行拆除。当事人在法定期限内不申请行政复议或者提起行政诉讼，又不拆除的，行政机关可以依法强制拆除。

第二节　金钱给付义务的执行

第四十五条　行政机关依法作出金钱给付义务的行政决定，当事人逾期不履行的，行政机关可以依法加处罚款或者滞纳金。加处罚款或者滞纳金的标准应当告知当事人。

加处罚款或者滞纳金的数额不得超出金钱给付义务的数额。

第四十六条　行政机关依照本法第四十五条规定实施加处罚款或者滞纳金超过三十日，经催告当事人仍不履行的，具有行政强制执行权的行政机关可以强制执行。

行政机关实施强制执行前，需要采取查封、扣押、冻结措施的，依照本法第三章规定办理。

没有行政强制执行权的行政机关应当申请人民法院强制执行。但是，当事人在法定期限内不申请行政复议或者提起行政诉讼，经催告仍不履行的，在实施行政管理过程中已经采取查封、扣押措施的行政机关，可以将查封、扣押的财物依法拍卖抵缴罚款。

第四十七条　划拨存款、汇款应当由法律规定的行政机关决定，并书面通知金融机构。金融机构接到行政机关依法作出划拨存款、汇款的决定后，应当立即划拨。

法律规定以外的行政机关或者组织要求划拨当事人存款、汇款的，金融机构应当拒绝。

第四十八条 依法拍卖财物，由行政机关委托拍卖机构依照《中华人民共和国拍卖法》的规定办理。

第四十九条 划拨的存款、汇款以及拍卖和依法处理所得的款项应当上缴国库或者划入财政专户。任何行政机关或者个人不得以任何形式截留、私分或者变相私分。

第三节 代履行

第五十条 行政机关依法作出要求当事人履行排除妨碍、恢复原状等义务的行政决定，当事人逾期不履行，经催告仍不履行，其后果已经或者将危害交通安全、造成环境污染或者破坏自然资源的，行政机关可以代履行，或者委托没有利害关系的第三人代履行。

第五十一条 代履行应当遵守下列规定：

（一）代履行前送达决定书，代履行决定书应当载明当事人的姓名或者名称、地址，代履行的理由和依据、方式和时间、标的、费用预算以及代履行人；

（二）代履行三日前，催告当事人履行，当事人履行的，停止代履行；

（三）代履行时，作出决定的行政机关应当派员到场监督；

（四）代履行完毕，行政机关到场监督的工作人员、代履行人和当事人或者见证人应当在执行文书上签名或者盖章。

代履行的费用按照成本合理确定，由当事人承担。但是，法律另有规定的除外。

代履行不得采用暴力、胁迫以及其他非法方式。

第五十二条 需要立即清除道路、河道、航道或者公共场所的遗洒物、障碍物或者污染物，当事人不能清除的，行政机关可以决定立即实施代履行；当事人不在场的，行政机关应当在事后立即通知当事人，并依法作出处理。

第五章 申请人民法院强制执行

第五十三条 当事人在法定期限内不申请行政复议或者提起行政诉讼，又不履行行政决定的，没有行政强制执行权的行政机关可以自期限届满之日起三个月内，依照本章规定申请人民法院强制执行。

第五十四条 行政机关申请人民法院强制执行前，应当催告当事人履行义务。催告书送达十日后当事人仍未履行义务的，行政机关可以向所在地有管辖权的人民法院申请强制执行；执行对象是不动产的，向不动产所在地有管辖权的人民法院申请强制执行。

第五十五条 行政机关向人民法院申请强制执行，应当提供下列材料：

（一）强制执行申请书；

（二）行政决定书及作出决定的事实、理由和依据；

（三）当事人的意见及行政机关催告情况；

（四）申请强制执行标的情况；

（五）法律、行政法规规定的其他材料。

强制执行申请书应当由行政机关负责人签名，加盖行政机关的印章，并注明日期。

第五十六条 人民法院接到行政机关强制执行的申请，应当在五日内受理。

行政机关对人民法院不予受理的裁定有异议的，可以在十五日内向上一级人民法院申请复议，上一级人民法院应当自收到复议申请之日起十五日内作出是否受理的裁定。

第五十七条 人民法院对行政机关强制执行的申请进行书面审查，对符合本法第五十五条规定，且行政决定具备法定执行效力的，除本法第五十八条规定的情形外，人民法院应当自受理之日起七日内作出执行裁定。

第五十八条 人民法院发现有下列情形之一的，在作出裁定前可以听取被执行人和行政机关的意见：

（一）明显缺乏事实根据的；

（二）明显缺乏法律、法规依据的；

（三）其他明显违法并损害被执行人合法权益的。

人民法院应当自受理之日起三十日内作出是否执行的

裁定。裁定不予执行的，应当说明理由，并在五日内将不予执行的裁定送达行政机关。

行政机关对人民法院不予执行的裁定有异议的，可以自收到裁定之日起十五日内向上一级人民法院申请复议，上一级人民法院应当自收到复议申请之日起三十日内作出是否执行的裁定。

第五十九条 因情况紧急，为保障公共安全，行政机关可以申请人民法院立即执行。经人民法院院长批准，人民法院应当自作出执行裁定之日起五日内执行。

第六十条 行政机关申请人民法院强制执行，不缴纳申请费。强制执行的费用由被执行人承担。

人民法院以划拨、拍卖方式强制执行的，可以在划拨、拍卖后将强制执行的费用扣除。

依法拍卖财物，由人民法院委托拍卖机构依照《中华人民共和国拍卖法》的规定办理。

划拨的存款、汇款以及拍卖和依法处理所得的款项应当上缴国库或者划入财政专户，不得以任何形式截留、私分或者变相私分。

第六章 法律责任

第六十一条 行政机关实施行政强制，有下列情形之一的，由上级行政机关或者有关部门责令改正，对直接负责的主管人员和其他直接责任人员依法给予处分：

（一）没有法律、法规依据的；

（二）改变行政强制对象、条件、方式的；

（三）违反法定程序实施行政强制的；

（四）违反本法规定，在夜间或者法定节假日实施行政强制执行的；

（五）对居民生活采取停止供水、供电、供热、供燃气等方式迫使当事人履行相关行政决定的；

（六）有其他违法实施行政强制情形的。

第六十二条 违反本法规定，行政机关有下列情形之一的，由上级行政机关或者有关部门责令改正，对直接负责的主管人员和其他直接责任人员依法给予处分：

（一）扩大查封、扣押、冻结范围的；

（二）使用或者损毁查封、扣押场所、设施或者财物的；

（三）在查封、扣押法定期间不作出处理决定或者未依法及时解除查封、扣押的；

（四）在冻结存款、汇款法定期间不作出处理决定或者未依法及时解除冻结的。

第六十三条 行政机关将查封、扣押的财物或者划拨的存款、汇款以及拍卖和依法处理所得的款项，截留、私分或者变相私分的，由财政部门或者有关部门予以追缴；对直接负责的主管人员和其他直接责任人员依法给予记大过、降级、撤职或者开除的处分。

行政机关工作人员利用职务上的便利，将查封、扣押的场所、设施或者财物据为己有的，由上级行政机关或者有关部门责令改正，依法给予记大过、降级、撤职或者开除的处分。

第六十四条 行政机关及其工作人员利用行政强制权为单位或者个人谋取利益的，由上级行政机关或者有关部门责令改正，对直接负责的主管人员和其他直接责任人员依法给予处分。

第六十五条 违反本法规定，金融机构有下列行为之一的，由金融业监督管理机构责令改正，对直接负责的主管人员和其他直接责任人员依法给予处分：

（一）在冻结前向当事人泄露信息的；

（二）对应当立即冻结、划拨的存款、汇款不冻结或者不划拨，致使存款、汇款转移的；

（三）将不应当冻结、划拨的存款、汇款予以冻结或者划拨的；

（四）未及时解除冻结存款、汇款的。

第六十六条 违反本法规定，金融机构将款项划入国库或者财政专户以外的其他账户的，由金融业监督管理机构责令改正，并处以违法划拨款项二倍的罚款；对直接负责的主管人员和其他直接责任人员依法给予处分。

违反本法规定，行政机关、人民法院指令金融机构将款项划入国库或者财政专户以外的其他账户的，对直接负责的主管人员和其他直接责任人员依法给予处分。

第六十七条 人民法院及其工作人员在强制执行中有违法行为或者扩大强制执行范围的，对直接负责的主管人员和其他直接责任人员依法给予处分。

第六十八条 违反本法规定，给公民、法人或者其他组织造成损失的，依法给予赔偿。

违反本法规定，构成犯罪的，依法追究刑事责任。

第七章 附 则

第六十九条 本法中十日以内期限的规定是指工作日，不含法定节假日。

第七十条 法律、行政法规授权的具有管理公共事务职能的组织在法定授权范围内，以自己的名义实施行政强制，适用本法有关行政机关的规定。

第七十一条 本法自2012年1月1日起施行。

四、中华人民共和国拍卖法

（1996年7月5日第八届全国人民代表大会常务委员会第二十次会议通过　根据2004年8月28日第十届全国人民代表大会常务委员会第十一次会议《关于修改〈中华人民共和国拍卖法〉的决定》第一次修正 根据2015年4月24日第十二届全国人民代表大会常务委员会第十四次会议《关于修改〈中华人民共和国电力法〉等六部法律的决定》第二次修正）

目　录

第一章 总 则

第一条 为了规范拍卖行为，维护拍卖秩序，保护拍卖活动各方当事人的合法权益，制定本法。

第二条 本法适用于中华人民共和国境内拍卖企业进行的拍卖活动。

第三条 拍卖是指以公开竞价的形式，将特定物品或者财产权利转让给最高应价者的买卖方式。

第四条 拍卖活动应当遵守有关法律、行政法规，遵循公开、公平、公正、诚实信用的原则。

第五条 国务院负责管理拍卖业的部门对全国拍卖业实施监督管理。

省、自治区、直辖市的人民政府和设区的市的人民政府负责管理拍卖业的部门对本行政区域内的拍卖业实施监督管理。

第二章 拍卖标的

第六条 拍卖标的应当是委托人所有或者依法可以处

分的物品或者财产权利。

第七条 法律、行政法规禁止买卖的物品或者财产权利，不得作为拍卖标的。

第八条 依照法律或者按照国务院规定需经审批才能转让的物品或者财产权利，在拍卖前，应当依法办理审批手续。

委托拍卖的文物，在拍卖前，应当经拍卖人住所地的文物行政管理部门依法鉴定、许可。

第九条 国家行政机关依法没收的物品，充抵税款、罚款的物品和其他物品，按照国务院规定应当委托拍卖的，由财产所在地的省、自治区、直辖市的人民政府和设区的市的人民政府指定的拍卖人进行拍卖。

拍卖由人民法院依法没收的物品，充抵罚金、罚款的物品以及无法返还的追回物品，适用前款规定。

第三章 拍卖当事人

第一节 拍卖人

第十条 拍卖人是指依照本法和《中华人民共和国公司法》设立的从事拍卖活动的企业法人。

第十一条 企业取得从事拍卖业务的许可必须经所在地的省、自治区、直辖市人民政府负责管理拍卖业的部门审核批准。拍卖企业可以在设区的市设立。

第十二条 企业申请取得从事拍卖业务的许可，应当具备下列条件：

（一）有一百万元人民币以上的注册资本；

（二）有自己的名称、组织机构、住所和章程；

（三）有与从事拍卖业务相适应的拍卖师和其他工作人员；

（四）有符合本法和其他有关法律规定的拍卖业务规则；

（五）符合国务院有关拍卖业发展的规定；

（六）法律、行政法规规定的其他条件。

第十三条 拍卖企业经营文物拍卖的，应当有一千万元人民币以上的注册资本，有具有文物拍卖专业知识的人员。

第十四条 拍卖活动应当由拍卖师主持。

第十五条 拍卖师应当具备下列条件：

（一）具有高等院校专科以上学历和拍卖专业知识；

（二）在拍卖企业工作两年以上；

（三）品行良好。

被开除公职或者吊销拍卖师资格证书未满五年的，或者因故意犯罪受过刑事处罚的，不得担任拍卖师。

第十六条 拍卖师资格考核，由拍卖行业协会统一组织。经考核合格的，由拍卖行业协会发给拍卖师资格证书。

第十七条 拍卖行业协会是依法成立的社会团体法人，是拍卖业的自律性组织。拍卖行业协会依照本法并根据章程，对拍卖企业和拍卖师进行监督。

第十八条 拍卖人有权要求委托人说明拍卖标的的来源和瑕疵。

拍卖人应当向竞买人说明拍卖标的的瑕疵。

第十九条 拍卖人对委托人交付拍卖的物品负有保管义务。

第二十条 拍卖人接受委托后，未经委托人同意，不得委托其他拍卖人拍卖。

第二十一条 委托人、买受人要求对其身份保密的，拍卖人应当为其保密。

第二十二条 拍卖人及其工作人员不得以竞买人的身份参与自己组织的拍卖活动，并不得委托他人代为竞买。

第二十三条 拍卖人不得在自己组织的拍卖活动中拍卖自己的物品或者财产权利。

第二十四条 拍卖成交后，拍卖人应当按照约定向委托人交付拍卖标的的价款，并按照约定将拍卖标的移交给买受人。

第二节 委托人

第二十五条 委托人是指委托拍卖人拍卖物品或者财产权利的公民、法人或者其他组织。

第二十六条 委托人可以自行办理委托拍卖手续，也可以由其代理人代为办理委托拍卖手续。

第二十七条 委托人应当向拍卖人说明拍卖标的的来源和瑕疵。

第二十八条 委托人有权确定拍卖标的的保留价并要求拍卖人保密。

拍卖国有资产，依照法律或者按照国务院规定需要评估的，应当经依法设立的评估机构评估，并根据评估结果确定拍卖标的的保留价。

第二十九条 委托人在拍卖开始前可以撤回拍卖标的。委托人撤回拍卖标的的，应当向拍卖人支付约定的费用；未作约定的，应当向拍卖人支付为拍卖支出的合理费用。

第三十条 委托人不得参与竞买，也不得委托他人代为竞买。

第三十一条 按照约定由委托人移交拍卖标的的，拍卖成交后，委托人应当将拍卖标的移交给买受人。

第三节 竞买人

第三十二条 竞买人是指参加竞购拍卖标的的公民、

法人或者其他组织。

第三十三条 法律、行政法规对拍卖标的的买卖条件有规定的，竞买人应当具备规定的条件。

第三十四条 竞买人可以自行参加竞买，也可以委托其代理人参加竞买。

第三十五条 竞买人有权了解拍卖标的的瑕疵，有权查验拍卖标的和查阅有关拍卖资料。

第三十六条 竞买人一经应价，不得撤回，当其他竞买人有更高应价时，其应价即丧失约束力。

第三十七条 竞买人之间、竞买人与拍卖人之间不得恶意串通，损害他人利益。

第四节 买受人

第三十八条 买受人是指以最高应价购得拍卖标的的竞买人。

第三十九条 买受人应当按照约定支付拍卖标的的价款，未按照约定支付价款的，应当承担违约责任，或者由拍卖人征得委托人的同意，将拍卖标的再行拍卖。

拍卖标的再行拍卖的，原买受人应当支付第一次拍卖中本人及委托人应当支付的佣金。再行拍卖的价款低于原拍卖价款的，原买受人应当补足差额。

第四十条 买受人未能按照约定取得拍卖标的的，有权要求拍卖人或者委托人承担违约责任。

买受人未按照约定受领拍卖标的的，应当支付由此产生的保管费用。

第四章　拍卖程序

第一节　拍卖委托

第四十一条　委托人委托拍卖物品或者财产权利，应当提供身份证明和拍卖人要求提供的拍卖标的的所有权证明或者依法可以处分拍卖标的的证明及其他资料。

第四十二条　拍卖人应当对委托人提供的有关文件、资料进行核实。拍卖人接受委托的，应当与委托人签订书面委托拍卖合同。

第四十三条　拍卖人认为需要对拍卖标的进行鉴定的，可以进行鉴定。

鉴定结论与委托拍卖合同载明的拍卖标的状况不相符的，拍卖人有权要求变更或者解除合同。

第四十四条　委托拍卖合同应当载明以下事项：

（一）委托人、拍卖人的姓名或者名称、住所；

（二）拍卖标的的名称、规格、数量、质量；

（三）委托人提出的保留价；

（四）拍卖的时间、地点；

（五）拍卖标的交付或者转移的时间、方式；

（六）佣金及其支付的方式、期限；

（七）价款的支付方式、期限；

（八）违约责任；

（九）双方约定的其他事项。

第二节　拍卖公告与展示

第四十五条　拍卖人应当于拍卖日七日前发布拍卖公告。

第四十六条　拍卖公告应当载明下列事项：

（一）拍卖的时间、地点；

（二）拍卖标的；

（三）拍卖标的展示时间、地点；

（四）参与竞买应当办理的手续；

（五）需要公告的其他事项。

第四十七条　拍卖公告应当通过报纸或者其他新闻媒介发布。

第四十八条　拍卖人应当在拍卖前展示拍卖标的，并提供查看拍卖标的的条件及有关资料。拍卖标的的展示时间不得少于两日。

第三节　拍卖的实施

第四十九条　拍卖师应当于拍卖前宣布拍卖规则和注

意事项。

第五十条 拍卖标的无保留价的，拍卖师应当在拍卖前予以说明。

拍卖标的有保留价的，竞买人的最高应价未达到保留价时，该应价不发生效力，拍卖师应当停止拍卖标的的拍卖。

第五十一条 竞买人的最高应价经拍卖师落槌或者以其他公开表示买定的方式确认后，拍卖成交。

第五十二条 拍卖成交后，买受人和拍卖人应当签署成交确认书。

第五十三条 拍卖人进行拍卖时，应当制作拍卖笔录。拍卖笔录应当由拍卖师、记录人签名；拍卖成交的，还应当由买受人签名。

第五十四条 拍卖人应当妥善保管有关业务经营活动的完整账簿、拍卖笔录和其他有关资料。

前款规定的账簿、拍卖笔录和其他有关资料的保管期限，自委托拍卖合同终止之日起计算，不得少于五年。

第五十五条 拍卖标的需要依法办理证照变更、产权过户手续的，委托人、买受人应当持拍卖人出具的成交证明和有关材料，向有关行政管理机关办理手续。

第四节 佣金

第五十六条 委托人、买受人可以与拍卖人约定佣金的比例。

委托人、买受人与拍卖人对佣金比例未作约定，拍卖成交的，拍卖人可以向委托人、买受人各收取不超过拍卖成交价百分之五的佣金。收取佣金的比例按照同拍卖成交价成反比的原则确定。

拍卖未成交的，拍卖人可以向委托人收取约定的费用；未作约定的，可以向委托人收取为拍卖支出的合理费用。

第五十七条 拍卖本法第九条规定的物品成交的，拍卖人可以向买受人收取不超过拍卖成交价百分之五的佣金。收取佣金的比例按照同拍卖成交价成反比的原则确定。

拍卖未成交的，适用本法第五十六条第三款的规定。

第五章 法律责任

第五十八条 委托人违反本法第六条的规定，委托拍卖其没有所有权或者依法不得处分的物品或者财产权利的，应当依法承担责任。拍卖人明知委托人对拍卖的物品或者财产权利没有所有权或者依法不得处分的，应当承担连带责任。

第五十九条 国家机关违反本法第九条的规定，将应当委托财产所在地的省、自治区、直辖市的人民政府或者设区的市的人民政府指定的拍卖人拍卖的物品擅自处理的，对负有直接责任的主管人员和其他直接责任人员依法给予行政处分，给国家造成损失的，还应当承担赔偿责任。

第六十条 违反本法第十一条的规定，未经许可从事拍卖业务的，由工商行政管理部门予以取缔，没收违法所得，并可以处违法所得一倍以上五倍以下的罚款。

第六十一条 拍卖人、委托人违反本法第十八条第二款、第二十七条的规定，未说明拍卖标的的瑕疵，给买受人造成损害的，买受人有权向拍卖人要求赔偿；属于委托人责任的，拍卖人有权向委托人追偿。

拍卖人、委托人在拍卖前声明不能保证拍卖标的的真伪或者品质的，不承担瑕疵担保责任。

因拍卖标的存在瑕疵未声明的，请求赔偿的诉讼时效期间为一年，自当事人知道或者应当知道权利受到损害之日起计算。

因拍卖标的存在缺陷造成人身、财产损害请求赔偿的诉讼时效期间，适用《中华人民共和国产品质量法》和其他法律的有关规定。

第六十二条 拍卖人及其工作人员违反本法第二十二条的规定，参与竞买或者委托他人代为竞买的，由工商行政管理部门对拍卖人给予警告，可以处拍卖佣金一倍以上五倍以下的罚款；情节严重的，吊销营业执照。

第六十三条 违反本法第二十三条的规定，拍卖人在自己组织的拍卖活动中拍卖自己的物品或者财产权利的，由工商行政管理部门没收拍卖所得。

第六十四条 违反本法第三十条的规定，委托人参与竞买或者委托他人代为竞买的，工商行政管理部门可以对委托人处拍卖成交价百分之三十以下的罚款。

第六十五条 违反本法第三十七条的规定，竞买人之间、竞买人与拍卖人之间恶意串通，给他人造成损害的，拍卖无效，应当依法承担赔偿责任。由工商行政管理部门对参与恶意串通的竞买人处最高应价百分之十以上百分之三十以下的罚款；对参与恶意串通的拍卖人处最高应价百分之十以上百分之五十以下的罚款。

第六十六条 违反本法第四章第四节关于佣金比例的规定收取佣金的，拍卖人应当将超收部分返还委托人、买受人。物价管理部门可以对拍卖人处拍卖佣金一倍以上五倍以下的罚款。

第六章 附 则

第六十七条 外国人、外国企业和组织在中华人民共和国境内委托拍卖或者参加竞买的，适用本法。

第六十八条 本法自1997年1月1日起施行。

五、抵税财物拍卖、变卖试行办法

（2005年5月24日国家税务总局令第12号公布，自2005年7月1日起施行）

第一章 总 则

第一条 为规范税收强制执行中抵税财物的拍卖、变卖行为，保障国家税收收入，保护纳税人合法权益，根据《中华人民共和国税收征收管理法》及其实施细则和有关法律法规规定，制定本办法。

第二条 税务机关拍卖、变卖抵税财物，以拍卖、变卖所得抵缴税款、滞纳金的行为，适用本办法。

拍卖是指税务机关将抵税财物依法委托拍卖机构，以公开竞价的形式，将特定财物转让给最高应价者的买卖方式。

变卖是指税务机关将抵税财物委托商业企业代为销售、责令纳税人限期处理或由税务机关变价处理的买卖方式。

抵税财物，是指被税务机关依法实施税收强制执行而扣押、查封或者按照规定应强制执行的已设置纳税担保物权的商品、货物、其他财产或者财产权利。

被执行人是指从事生产经营的纳税人、扣缴义务人或者纳税担保人等税务行政相对人。

第三条 拍卖或者变卖抵税财物应依法进行，并遵循公开、公正、公平、效率的原则。

第四条 有下列情形之一的，税务机关依法进行拍卖、变卖：

（一）采取税收保全措施后，限期期满仍未缴纳税款的；

（二）设置纳税担保后，限期期满仍未缴纳所担保的税款的；

（三）逾期不按规定履行税务处理决定的；

（四）逾期不按规定履行复议决定的；

（五）逾期不按规定履行税务行政处罚决定的；

（六）其他经责令限期缴纳，逾期仍未缴纳税款的。

对前款（三）至（六）项情形进行强制执行时，在拍卖、变卖之前（或同时）进行扣押、查封，办理扣押、查封手续。

第五条 税务机关按照拍卖优先的原则确定抵税财物

拍卖、变卖的顺序：

（一）委托依法成立的拍卖机构拍卖；

（二）无法委托拍卖或者不适于拍卖的，可以委托当地商业企业代为销售，或者责令被执行人限期处理；

（三）无法委托商业企业销售，被执行人也无法处理的，由税务机关变价处理。

国家禁止自由买卖的商品、货物、其他财产，应当交由有关单位按照国家规定的价格收购。

第六条 税务机关拍卖变卖抵税财物时按下列程序进行：

（一）制作拍卖（变卖）抵税财物决定书，经县以上税务局（分局）局长批准后，对被执行人下达拍卖（变卖）抵税财物决定书。

依照法律法规规定需要经过审批才能转让的物品或财产权利，在拍卖、变卖前，应当依法办理审批手续。

（二）查实需要拍卖或者变卖的商品、货物或者其他财产。在拍卖或者变卖前，应当审查所扣押商品、货物、财产专用收据和所查封商品、货物、财产清单，查实被执行人与抵税财物的权利关系，核对盘点需要拍卖或者变卖的商品、货物或者其他财产是否与收据或清单一致。

（三）按照本办法规定的顺序和程序，委托拍卖、变卖，填写拍卖（变卖）财产清单，与拍卖机构签订委托拍卖合同，与受委托的商业企业签订委托变卖合同，对被执行人下达税务事项通知书，并按规定结算价款。

（四）以拍卖、变卖所得支付应由被执行人依法承担的扣押、查封、保管以及拍卖、变卖过程中的费用。

（五）拍卖、变卖所得支付有关费用后抵缴未缴的税款、滞纳金，并按规定抵缴罚款。

（六）拍卖、变卖所得支付扣押、查封、保管、拍卖、变卖等费用并抵缴税款、滞纳金后，剩余部分应当在3个工作日内退还被执行人。

（七）税务机关应当通知被执行人将拍卖、变卖全部收入计入当期销售收入额并在当期申报缴纳各种应纳税款。

拍卖、变卖所得不足抵缴税款、滞纳金的，税务机关应当继续追缴。

第七条 拍卖、变卖抵税财物，由县以上税务局（分局）组织进行。变卖鲜活、易腐烂变质或者易失效的商品、货物时，经县以上税务局（分局）局长批准，可由县以下税务机关进行。

第八条 拍卖、变卖抵税财物进行时，应当通知被执行人到场；被执行人未到场的，不影响执行。

第九条 税务机关及其工作人员不得参与被拍卖或者

变卖商品、货物或者其他财产的竞买或收购，也不得委托他人为其竞买或收购。

第二章 拍 卖

第十条 拍卖由财产所在地的省、自治区、直辖市的人民政府和设区的市的人民政府指定的拍卖机构进行拍卖。

第十一条 抵税财物除有市场价或其价格依照通常方法可以确定的外，应当委托依法设立并具有相应资质的评估鉴定机构进行质量鉴定和价格评估，并将鉴定、评估结果通知被执行人。

拍卖抵税财物应当确定保留价，由税务机关与被执行人协商确定，协商不成的，由税务机关参照市场价、出厂价或者评估价确定。

第十二条 委托拍卖的文物，在拍卖前，应当经文物行政管理部门依法鉴定、许可。

第十三条 被执行人应当向税务机关说明商品、货物或其他财产的瑕疵，税务机关应当向拍卖机构说明拍卖标的的来源和了解到的瑕疵。

第十四条 拍卖机构接受委托后，未经委托拍卖的税务机关同意，不得委托其他拍卖机构拍卖。

第十五条 税务机关应当在作出拍卖决定后10日内委

托拍卖。

第十六条 税务机关应当向拍卖机构提供下列材料：

（一）税务机关单位证明及委托拍卖的授权委托书；

（二）拍卖（变卖）抵税财物决定书；

（三）拍卖（变卖）财产清单；

（四）抵税财物质量鉴定与价格评估结果；

（五）与拍卖活动有关的其他资料。

第十七条 税务机关应当与拍卖机构签订书面委托拍卖合同。委托拍卖合同应载明以下内容：

（一）税务机关及拍卖机构的名称、住所、法定代表人姓名；

（二）拍卖标的的名称、规格、数量、质量、存放地或者坐落地、新旧程度或者使用年限等；

（三）拍卖的时间、地点，拍卖标的交付或转移的时间、方式，拍卖公告的方式及其费用的承担；

（四）拍卖价款结算方式及价款给付期限；

（五）佣金标准及其支付的方式、期限；

（六）违约责任；

（七）双方约定的其他事项。

第十八条 拍卖一次流拍后，税务机关经与被执行人协商同意，可以将抵税财物进行变卖；被执行人不同意变卖的，应当进行第二次拍卖。不动产和文物应当进行第二次拍卖。

第二次拍卖仍然流拍的，税务机关应当将抵税财物进行变卖，以抵缴税款、滞纳金或罚款。

经过流拍再次拍卖的，保留价应当不低于前次拍卖保留价的2/3。

第十九条 税务机关可以自行办理委托拍卖手续，也可以由其上级税务机关代为办理拍卖手续。

第三章 变 卖

第二十条 下列抵税财物为无法委托拍卖或者不适于拍卖，可以交由当地商业企业代为销售或责令被执行人限期处理，进行变卖：

（一）鲜活、易腐烂变质或者易失效的商品、货物；

（二）经拍卖程序一次或二次流拍的抵税财物；

（三）拍卖机构不接受拍卖的抵税财物。

第二十一条 变卖抵税财物的价格，应当参照同类商品的市场价、出厂价遵循公平、合理、合法的原则确定。税务机关应当与被执行人协商是否需要请评估机构进行价格评估，被执行人认为需要的，税务机关应当委托评估机构进行评估，按照评估价确定变卖价格。

对有政府定价的商品、货物或者其他财产，由政府价格主管部门，按照定价权限和范围确定价格。对实行政府指导价的商品、货物或者其他财产，按照定价权限和范围规定的基准价及其浮动幅度确定。

经拍卖流拍的抵税财物，其变卖价格应当不低于最后一次拍卖保留价的2/3。

第二十二条 委托商业企业变卖的，受委托的商业企业要经县以上税务机关确认，并与商业企业签订委托变卖合同，按本办法第二十一条规定的核价方式约定变卖价格。委托变卖合同应载明下列内容：

（一）税务机关及商业企业的名称、地址、法定代表人姓名；

（二）变卖商品、货物或其他财产的名称、规格、数量、质量、存放地或坐落地、新旧程度或使用年限等；

（三）变卖商品、货物或其他财产的时间、地点及其费用的承担；

（四）变卖价款结算方式及价款给付期限；

（五）违约责任；

（六）双方约定的其他事项。

第二十三条 抵税财物委托商业企业代为销售15日后，无法实现销售的，税务机关应当第二次核定价格，由商业企业继续销售，第二次核定的价格应当不低于首次核定价格的2/3。

第二十四条 无法委托商业企业销售，被执行人也无法处理的，税务机关应当进行变价处理。

有下列情形之一的，属于无法委托商业企业代为销售：

（一）税务机关与两家（含两家）以上商业企业联系协商，不能达成委托销售的；

（二）经税务机关在新闻媒体上征求代售单位，自征求公告发出之日起10日内无应征单位或个人，或应征之后未达成代售协议的。

（三）已达成代售协议的商业企业在经第二次核定价格15日内仍无法售出税务机关委托代售的商品、货物或其他财产的。

被执行人无法处理，包括拒绝处理、逾期不处理等情形。

第二十五条 税务机关变价处理时，按照本办法第二十一条规定的原则以不低于前两种变卖方式定价的2/3确定价格。

税务机关实施变卖前，应当在办税服务厅、税务机关网站或当地新闻媒体上公告，说明变卖财物的名称、规格、数量、质量、新旧程度或使用年限、变卖价格、变卖时间等事项；登出公告10日后实施变卖。

税务机关实施变卖10日后仍没有实现变卖的，税务机关可以重新核定价格，再次发布变卖公告，组织变卖。再次核定的价格不得低于首次定价的2/3。

经过二次定价变卖仍未实现变卖的，以市场可接受的价格进行变卖。

第四章 税款的实现和费用的支付

第二十六条 以拍卖、变卖收入抵缴未缴的税款、滞纳金和支付相关费用时按照下列顺序进行：

（一）拍卖、变卖费用。由被执行人承担拍卖变卖所发生的费用，包括扣押、查封活动中和拍卖或者变卖活动中发生的依法应由被执行人承担的费用，具体为：保管费、仓储费、运杂费、评估费、鉴定费、拍卖公告费、支付给变卖企业的手续费以及其他依法应由被执行人承担的费用。

拍卖物品的买受人未按照约定领受拍卖物品的，由买受人支付自应领受拍卖财物之日起的保管费用。

（二）未缴的税款、滞纳金。

（三）罚款。下列情况可以用拍卖、变卖收入抵缴罚款：

1.被执行人主动用拍卖、变卖收入抵缴罚款的；

2.对价值超过应纳税额且不可分割的商品、货物或者其他财产进行整体扣押、查封、拍卖，以拍卖收入抵缴未缴的税款、滞纳金时，连同罚款一并抵缴；

3. 从事生产经营的被执行人对税务机关的处罚决定逾期不申请行政复议也不向人民法院起诉、又不履行的，作出处罚决定的税务机关可以强制执行，抵缴罚款。

第二十七条 拍卖或者变卖实现后，税务机关在结算并收取价款后3个工作日内，办理税款、滞纳金或者罚款的入库手续。

第二十八条 拍卖或者变卖收入抵缴税款、滞纳金、罚款后有余额的，税务机关应当自办理入库手续之日起3个工作日内退还被执行人，并通知被执行人将拍卖、变卖全部收入记入当期销售收入额并在当期申报缴纳各种税款。

第二十九条 拍卖变卖结束后，税务机关制作拍卖、变卖结果通知书、拍卖、变卖扣押、查封的商品、货物、财产清单一式两份，一份税务机关留存，一份交被执行人。

第三十条 被执行人在拍卖、变卖成交前缴清了税款、滞纳金的，税务机关应当终止拍卖或者变卖活动，税务机关将商品、货物或其他财产退还被执行人，扣押、查封、保管以及拍卖或者变卖已经产生的费用由被执行人承担。

被执行人拒不承担上述相关费用的，继续进行拍卖或者变卖，以拍卖、变卖收入扣除被执行人应承担的扣押、查封、保管、拍卖或者变卖费用后，剩余部分税务机关在3个工作日内返还被执行人。

第三十一条 对抵税财物经鉴定、评估为不能或不适于进行拍卖、变卖的，税务机关应当终止拍卖、变卖，并将抵税财物返还被执行人。

对抵税财物经拍卖、变卖程序而无法完成拍卖、变卖实现变价抵税的，税务机关应当将抵税财物返还被执行人。

抵税财物无法或不能返还被执行人的，税务机关应当经专门鉴定机构或公证部门鉴定或公证，报废抵税财物。

被执行人应缴纳的税款、滞纳金和应支付的费用，由税务机关采取其他措施继续追缴。

第五章 法律责任

第三十二条 拍卖、变卖过程中，严禁向被执行人摊派、索取任何不合法费用。税务人员在拍卖、变卖过程中，向被执行人摊派、索取不合法费用的，依法给予行政处分；税务机关及其工作人员参与被拍卖或者变卖商品、货物或者其他财产的竞买或收购，或者委托他人竞买或收购，依法给予行政处分。

第三十三条 税务人员有不依法对抵税财物进行拍卖或者变卖，或者擅自将应该拍卖的改为变卖的，在变卖过程中擅自将应该委托商业企业变卖、责令被执行人自行处理的由税务机关直接变价处理的行为，依法给予行政处分；给被执行人造成损失的，由批准拍卖或者变卖的税务机关赔偿其直接损失。

税务机关可向直接责任人追偿部分或全部直接损失。对有故意或重大过失的责任人员依法给予行政处分。

第三十四条 因税务机关违法对扣押、查封的商品、货物、或者其他财产造成损失的，由造成损失的税务机关负责赔偿直接损失，并可向直接责任人追偿部分或全部直接损失。

第三十五条 受税务机关委托的拍卖机构或商业企业违反拍卖合同或变卖合同的约定进行拍卖或变卖的，依照合同的约定承担违约责任；合同无约定的，依照法律的规定承担违约责任；其行为构成违法的，依法承担法律责任。

第三十六条 抵税财物在被查封、扣押前，已经设置担保物权而被执行人隐瞒的，或者有瑕疵、质量问题而被执行人隐瞒的，由被执行人承担扣押、查封、拍卖、变卖活动产生的费用，并依法承担法律责任。

第六章 附 则

第三十七条 税务机关追缴从事生产经营的纳税人骗

取国家出口退税的，适用本办法规定。

第三十八条 税收强制执行拍卖、变卖文书由国家税务总局统一制定。

第三十九条 本办法自2005年7月1日起施行。

附件：

1. 拍卖/变卖抵税财物决定书
2. 拍卖/变卖结果通知书
3. 拍卖/变卖商品、货物或者其他财产清单
4. 返还商品、货物或者其他财产通知书
5. 返还商品、货物或者其他财产清单

六、国家税务总局关于税收优先权包括滞纳金问题的批复

国税函〔2008〕1084号

广东省国家税务局：

你局《关于税收优先权是否包括滞纳金的请示》（粤国税发〔2008〕225号）收悉。现批复如下：

按照《中华人民共和国税收征收管理法》的立法精神，税款滞纳金与罚款两者在征收和缴纳时顺序不同，税款滞纳金在征缴时视同税款管理，税收强制执行、出境清税、税款追征、复议前置条件等相关条款都明确规定滞纳金随税款同时缴纳。税收优先权等情形也适用这一法律精神，《税收征管法》第四十五条规定的税收优先权执行时包括税款及其滞纳金。

国家税务总局

二〇〇八年十二月三十一日

七、国家税务总局关于应退税款抵扣欠缴税款有关问题的公告

国家税务总局公告2013年第54号

近期地方反映，对于《中华人民共和国税收征收管理法实施细则》第79条关于应退税款抵扣欠缴税款（以下简称以退抵欠）的规定是否属于强制执行措施有不同理解。为了全面准确贯彻强制执行措施和以退抵欠的规定，根据《中华人民共和国税收征收管理法》（以下简称税收征管法）及其实施细则的有关规定，现将应退税款抵扣欠缴税款有关问题公告如下：

税收征管法第40条规定，税收强制执行措施是指对经税务机关责令限期缴纳税款逾期仍不缴纳的情形，税务机关采取书面通知其开户银行或者其他金融机构从其存款中扣缴税款；扣押、查封、依法拍卖或者变卖其价值相当于应纳税款的商品、货物或者其他财产，以拍卖或者变卖所得抵缴税款的行为。

以退抵欠是税务机关计算确定纳税人应纳税义务的一项税款结算制度，不涉及从存款中扣缴税款和扣押、查封、拍卖、变卖强制行为。以退抵欠确定后有余额的退还纳税人；不足部分，责令纳税人继续缴纳。以退抵欠之后纳税人仍有欠税，经责令缴纳仍不缴纳的，税务机关采取强制执行措施，为行政强制执行。以退抵欠不属于行政强制执行。

特此公告。

国家税务总局

2013年9月16日

八、税务稽查案件办理程序规定（第五章）

国家税务总局令第52号

第五章 执 行

第四十九条 稽查局应当依法及时送达税务处理决定书、税务行政处罚决定书、不予税务行政处罚决定书、税务稽查结论等税务文书。

第五十条 具有下列情形之一的，经县以上税务局局长批准，稽查局可以依法强制执行，或者依法申请人民法院强制执行：

（一）纳税人、扣缴义务人未按照规定的期限缴纳或者解缴税款、滞纳金，责令限期缴纳逾期仍未缴纳的；

（二）经稽查局确认的纳税担保人未按照规定的期限缴纳所担保的税款、滞纳金，责令限期缴纳逾期仍未缴纳的；

（三）当事人对处罚决定逾期不申请行政复议也不向人

民法院起诉、又不履行的；

（四）其他可以依法强制执行的。

第五十一条 当事人确有经济困难，需要延期或者分期缴纳罚款的，可向稽查局提出申请，经税务局局长批准后，可以暂缓或者分期缴纳。

第五十二条 作出强制执行决定前，应当制作并送达催告文书，催告当事人履行义务，听取当事人陈述、申辩意见。经催告，当事人逾期仍不履行行政决定，且无正当理由的，经县以上税务局局长批准，实施强制执行。

实施强制执行时，应当向被执行人送达强制执行决定书，告知其实施强制执行的内容、理由及依据，并告知其享有依法申请行政复议或者提起行政诉讼的权利。

催告期间，对有证据证明有转移或者隐匿财物迹象的，可以作出立即强制执行决定。

第五十三条 稽查局采取从被执行人开户银行或者其他金融机构的存款中扣缴税款、滞纳金、罚款措施时，应当向被执行人开户银行或者其他金融机构送达扣缴税收款项通知书，依法扣缴税款、滞纳金、罚款，并及时将有关凭证送达被执行人。

第五十四条 拍卖、变卖被执行人商品、货物或者其他财产，以拍卖、变卖所得抵缴税款、滞纳金、罚款的，在拍卖、变卖前应当依法进行查封、扣押。

稽查局拍卖、变卖被执行人商品、货物或者其他财产前，应当制作拍卖/变卖抵税财物决定书，经县以上税务局局长批准后送达被执行人，予以拍卖或者变卖。

拍卖或者变卖实现后，应当在结算并收取价款后3个工作日内，办理税款、滞纳金、罚款的入库手续，并制作拍卖/变卖结果通知书，附拍卖/变卖查封、扣押的商品、货物或者其他财产清单，经稽查局局长审核后，送达被执行人。

以拍卖或者变卖所得抵缴税款、滞纳金、罚款和拍卖、变卖等费用后，尚有剩余的财产或者无法进行拍卖、变卖的财产的，应当制作返还商品、货物或者其他财产通知书，附返还商品、货物或者其他财产清单，送达被执行人，并自办理税款、滞纳金、罚款入库手续之日起3个工作日内退还被执行人。

第五十五条 执行过程中发现涉嫌犯罪的，依照本规定第四十八条处理。

第五十六条 执行过程中发现有下列情形之一的，经稽查局局长批准后，中止执行：

（一）当事人死亡或者被依法宣告死亡，尚未确定可执行财产的；

（二）当事人进入破产清算程序尚未终结的；

（三）可执行财产被司法机关或者其他国家机关依法查封、扣押、冻结，致使执行暂时无法进行的；

（四）可供执行的标的物需要人民法院或者仲裁机构确定权属的；

（五）法律、行政法规和国家税务总局规定其他可以中止执行的。

中止执行情形消失后，经稽查局局长批准，恢复执行。

第五十七条 当事人确无财产可供抵缴税款、滞纳金、罚款或者依照破产清算程序确实无法清缴税款、滞纳金、罚款，或者有其他法定终结执行情形的，经税务局局长批准后，终结执行。

第五十八条 税务处理决定书、税务行政处罚决定书等决定性文书送达后，有下列情形之一的，稽查局可以依法重新作出：

（一）决定性文书被人民法院判决撤销的；

（二）决定性文书被行政复议机关决定撤销的；

（三）税务机关认为需要变更或者撤销原决定性文书的；

（四）其他依法需要变更或者撤销原决定性文书的。

九、国家税务总局关于人民法院强制执行被执行人财产有关税收问题的复函

国税函〔2005〕869号

最高人民法院：

你院《关于人民法院依法强制执行拍卖、变卖被执行人财产后，税务部门能否直接向人民法院征收营业税的征求意见稿》(〔2005〕执他字第12号）收悉。经研究，函复如下：

一、人民法院的强制执行活动属司法活动，不具有经营性质，不属于应税行为，税务部门不能向人民法院的强制执行活动征税。

二、无论拍卖、变卖财产的行为是纳税人的自主行为，还是人民法院实施的强制执行活动，对拍卖、变卖财产的全部收入，纳税人均应依法申报缴纳税款。

三、税收具有优先权。《中华人民共和国税收征收管理

法》第四十五条规定，税务机关征收税款，税收优先于无担保债权，法律另有规定的除外；纳税人欠缴的税款发生在纳税人以其财产设定抵押、质押或者纳税人的财产被留置之前的，税收应当先于抵押权、质权、留置权执行。

四、鉴于人民法院实际控制纳税人因强制执行活动而被拍卖、变卖财产的收入，根据《中华人民共和国税收征收管理法》第五条的规定，人民法院应当协助税务机关依法优先从该收入中征收税款。

国家税务总局

2005年9月12日

十、国家税务总局关于贯彻实施《欠税公告办法（试行）》的通知

国税发〔2004〕138号

各省、自治区、直辖市和计划单列市国家税务局、地方税务局：

《欠税公告办法（试行）》（以下简称《办法》）已经2004年8月18日国家税务总局第3次局务会议审议通过，并将于2005年1月1日起施行。《办法》的颁布实施，对深入贯彻落实《中华人民共和国税收征收管理法》及其实施细则，进一步加强欠税管理，推动依法诚信纳税，保障国家税收利益，维护纳税人合法权益，具有十分重要的意义。为贯彻实施好《办法》，现就有关问题通知如下：

一、统一思想，提高认识。依法进行欠税公告不仅是税务机关的法定职责，也是税务机关政务公开的一项重要内容，各级税务机关务必高度重视，加强领导，精心组织，统筹安排，明确责任，切实做好贯彻落实工作。要充分发挥欠

税公告在欠税管理中的重要作用，把欠税公告作为清缴欠税的一项重要措施来抓，配合其他税收征管措施的运用，切实加强欠税管理，不断提高税收征管的质量和效率，进而推动“依法诚信纳税，共建小康社会”活动的深入开展，促进社会诚信建设。

二、广泛宣传，深入学习。各级税务机关要充分利用各种宣传形式，把宣传《办法》作为税法宣传的一个重要组成部分，向社会各界、特别是广大纳税人广泛宣传，要让广大纳税人和社会各界知晓欠税公告的意义和必要性，了解欠税公告的规定，促进纳税人主动缴纳欠税，保证税款及时足额入库。要及时组织税务人员学习《办法》，深刻领会其精神实质，准确把握其具体规定，不仅要懂得制定和实施《办法》的重要性和必要性，而且要善于运用欠税公告，结合相关法定手段，大力清缴欠税，提高征管效率。

三、精心实施，认真落实。各地要根据《办法》的要求，结合本地实际，尽快制定出具体的实施办法，开展欠税公告工作。公告前，税务机关应当深入细致地对纳税人欠税情况进行确认，以正式行文的形式签发公告决定；公告后，税务机关对于欠税人应当依法进行催缴，按日加收滞纳金，直至依法运用相关法定手段强制执行，大力清缴欠税，不得以欠税公告代替税收保全、税收强制执行等税收征管措施。

在欠税公告中，税务机关应注意保护纳税人的合法权益，要严格按照《办法》规定的范围和内容进行公告，不得公告与欠税无关的其他信息。纳税人未按规定预缴的所得税税款，如需公告，应参照《办法》的规定单独进行。各级税务机关要进一步加大欠税管理的力度，切实加强税务机关内部以及其他部门之间的沟通、协调与配合，积极清缴欠税，并通过强化税源监控，防止新欠的发生。

国家税务总局

2004年10月10日

十一、国家税务总局关于印发税收执法责任制“两个办法”和“两个范本”的通知（部分）

国税发〔2005〕42号（附件2）

第十六条 税务执法人员有下列行为之一的，应当通报批评：

（一）未按规定在防伪税控系统内设置或者修改金税卡时钟的；

（二）金税工程各系统纳税人信息的录入和变动未及时、准确的；

（三）未按规定审批延期缴纳税款的；

（四）未按规定停供发票的；

（五）未按规定缴销发票的；

（六）未按规定将销售额超过小规模标准的纳税人按增值税一般纳税人管理的；

（七）税务行政处罚未按规定履行告知程序的；

（八）未按规定实施税收保全、强制执行措施的；

（九）未按规定受理税务行政处罚听证的申请；

（十）未按规定处理（罚）涉税违法行为的；

（十一）未在规定时限内办理税务行政复议事项的；

（十二）其他性质一般，但可能导致较重后果或者一定社会负面影响的执法过错行为。

十二、国家税务总局关于税务机关实施税收保全措施有关问题的通知

国税发〔2007〕24号

各省、自治区、直辖市和计划单列市国家税务局、地方税务局：

为加强税收征管，保障国家税收收入，维护纳税人的合法权益，现就税务机关实施税收保全措施的有关问题通知如下：

一、税务机关按照《税收征管法》第55条的规定采取扣押、查封的税收保全措施过程中，对已采取税收保全的商品、货物、其他财产或者财产权利，在作出税务处理决定之前，不得拍卖、变卖处理变现。但是，在税收保全期内，已采取税收保全措施的财物有下列情形之一的，税务机关可以制作《税务事项通知书》，书面通知纳税人及时协助处理：

（一）鲜活、易腐烂变质或者易失效的商品、货物；

（二）商品保质期临近届满的商品、货物；

（三）季节性的商品、货物；

（四）价格有急速下降可能的商品、货物；

（五）保管困难或者需要保管费用过大的商品、货物；

（六）其他不宜长期保存，需要及时处理的商品、货物。

二、对本通知第一条所列财物，纳税人未按规定期限协助处理的，经县以上税务局（分局）局长批准，税务机关制作《税务事项通知书》通知纳税人后，可参照《抵税财物拍卖、变卖试行办法》规定的程序和方式拍卖、变卖。

三、对本通知第一条所列财物的拍卖、变卖所得，由税务机关保存价款，继续实施税收保全措施，并以《税务事项通知书》的形式书面通知纳税人。

四、税务机关依法作出税务处理决定后，应及时办理税款、滞纳金或者罚款的入库手续。拍卖或者变卖所得抵缴税款、滞纳金、罚款后有余额的，税务机关应当自办理入库手续之日起3个工作日内退还纳税人。拍卖、变卖所得不足抵缴税款、滞纳金或者罚款的，税务机关应当继续追缴。

以上通知，请遵照执行。

国家税务总局办公厅

二〇〇七年三月五日

十三、海关涉案财物拍卖若干问题的规定

为了规范海关涉案财物拍卖行为，保护当事人的合法权益，根据《中华人民共和国海关法》《中华人民共和国拍卖法》等法律，制定本规定。

一、海关涉案财物拍卖是指海关依法委托拍卖企业以拍卖的方式公开处理依法查扣的涉案财物。

二、海关涉案财物拍卖活动应当遵守有关法律、行政法规，遵循公开、公平、公正、诚实信用的原则，并接受社会监督。

三、依照《中华人民共和国拍卖法》和《中华人民共和国公司法》等法律法规设立并取得从事相关拍卖业务许可的拍卖企业可参与海关涉案财物的拍卖。

海关涉案财物的拍卖权通过竞价、摇珠或者集体决策等方式合理确定。海关可以参考行业协会依据国家标准评定的拍卖企业资质等级，结合实际情况通过综合评价的方式建

立涉案财物公开拍卖企业名单库。

四、海关应与拍卖企业签订书面委托拍卖合同，明确双方的权利和义务。

五、实施网络拍卖的，拍卖企业应与海关协商选择网络拍卖平台，并与网络拍卖平台签订服务协议，明确平台和拍卖企业开展网络拍卖工作的权利和义务。

海关在与拍卖企业签订的书面委托拍卖合同中，就拍卖企业选择的网络拍卖平台应具备的条件和应承担的事项作如下约定：

（一）具备符合《中华人民共和国拍卖法》等相关法律、法规、规章的规则；

（二）具备保障网络拍卖业务正常开展的计算机信息系统，功能包括但不限于：发布公告，拍卖标的网上展示，网络竞价，记录竞价过程，生成电子成交确认书，网上结算服务，网络与现场同步拍卖；

（三）具备开展网络拍卖活动的业务流程，须包括：用户注册，拍卖主体资格审核，公告发布，拍卖标的网上展示，竞买登记，网络竞价及成交确认，网上结算，资料存档；

（四）具有与所从事的网络拍卖业务和规模相配套的服务器、网络设施、技术人员、拍卖专业人员和资金；

（五）根据《互联网信息服务管理办法》，按照平台的性质取得许可或备案；

（六）保障网络安全，确保拍卖平台正常运行；

（七）保证拍卖全程信息数据真实、准确、完整和安全；

（八）竞买代码及其出价信息应当在网络竞买页面实时显示，并储存、显示竞价全程；

（九）其他网络平台应具备的条件和应承担的工作。

六、海关涉案财物拍卖设定保留价。海关委托有资质的评估机构对涉案财物价值进行评估，拍卖保留价由海关参照评估价合理确定。

七、拍卖企业应于拍卖日7日前通过报纸或其他新闻媒介发布拍卖公告。拍卖公告应当载明下列事项：

（一）拍卖的时间、地点；

（二）拍卖标的；

（三）拍卖标的展示时间、地点；

（四）参与竞买应当办理的手续；

（五）拍卖保证金；

（六）拍卖标的已知的瑕疵和权利负担；

（七）海关监督方式等；

（八）实施网络拍卖的，应当载明网络拍卖平台；

（九）需要公告的其他事项。

实施网络拍卖的，除上述应当载明的信息外，还须在网络拍卖平台载明下列信息：

（一）拍卖起拍价以及竞价规则；

（二）拍卖款项支付方式和账户；

（三）拍卖标的现状的文字说明、视频或者照片等；

（四）需要在网络拍卖平台公示的其他信息。

八、下列事项在拍卖实施时应在拍卖规则、拍卖须知等拍卖文件中予以特别提示：

（一）委托代理人参加竞买的，须办理相关委托手续，并在拍卖前经拍卖企业确认；

（二）拍卖标的以实物现状为准；

（三）拍卖标的已知的瑕疵和权利负担，海关已予以公示和特别提示的，且在拍卖文件中声明不能保证拍卖标的真伪或者品质的，不承担瑕疵担保责任；

（四）竞买人决定参与竞买的，视为对拍卖标的完全了解，并接受拍卖标的一切已知和未知瑕疵和权利负担；

（五）海关及拍卖企业不能向买受人提供除罚没车辆以外其他拍卖标的的成交款发票，不接受买受人任何理由提出的退换货要求；

（六）其他应予特别提示的事项。

实施网络拍卖的，应当在拍卖公告发布当日通过网络拍卖平台对上述内容予以特别提示。

九、拍卖企业应当在拍卖前展示拍卖标的，并提供查看拍卖标的的条件及有关资料。展示时间不得少于2日，鲜活物品或其他不易保存的物品除外。

十、海关涉案财物拍卖不限制参与竞买人数。1人参与竞拍，且出价不低于保留价的，拍卖成交。

十一、竞买人应在参加拍卖前按公告指定渠道实名交纳保证金；未交纳的，不得参加竞买。

保证金收取数额由海关与拍卖企业协商确定。

十二、拍卖成交后，买受人交纳的保证金可以充抵价款，买受人应按竞买协议或者拍卖成交确认书约定的期限和渠道向拍卖企业支付剩余价款。拍卖企业应当在收到全部价款后，按海关要求将拍卖价款直接缴库或汇至海关指定银行账户，经确认缴库或拍卖价款到账后方可办理提货手续。

十三、拍卖成交后，买受人应在竞买协议或者拍卖成交确认书约定的期限内受领拍卖标的。买受人未能按照约定取得拍卖标的的，有权要求拍卖人或者海关承担违约责任。买受人未按照约定受领拍卖标的的，应当支付由此产生的保管费用。

十四、买受人在拍卖成交后悔拍的，需要承担违约责任，主要包括：交纳的保证金不予退还，依次用于支付拍卖产生的费用损失、弥补重新拍卖价款低于原拍卖价款的差价；不足支付部分，应由海关或拍卖企业对原买受人采取但不限于寄送追款通知书、刊登追款公告、仲裁、诉讼等方式进行追缴。保证金仍有剩余的，按余款性质依法进行处置。

拍卖标的悔拍后重新拍卖的，原买受人不得参加竞买。

十五、海关涉案财物拍卖竞价期间无人应价或竞买人的最高应价未达到保留价的，拍卖流拍。海关委托再次拍卖的保留价可根据评估机构重新评定的价格确定，也可以在原保留价的基础上酌情降低，但每次降低的数额不得超过前次保留价的百分之二十。

十六、拍卖的中止、终止、撤回：

（一）有下列情形之一的，应当中止拍卖：

1.海关在拍卖会前因正当理由书面通知拍卖企业中止拍卖的；

2.发生意外事件致使拍卖活动暂时不能进行的；

3.出现其他依法应当中止的情形的。

中止拍卖由拍卖企业宣布。中止拍卖的事由消失后，应恢复拍卖。

（二）有下列情形之一的，应当终止拍卖：

1.发生不可抗力或意外事件致使拍卖活动无法进行的；

2.拍卖标的在拍卖前毁损、灭失的；

3. 海关在拍卖会前因正当理由书面通知拍卖企业终止拍卖的；

4. 出现其他依法应当终止的情形的。

终止拍卖由拍卖企业宣布。拍卖终止后，海关要求继续进行拍卖的，应当重新办理拍卖手续。

（三）海关在拍卖开始前可以撤回拍卖标的，但应及时说明有关原因或理由。

网络拍卖平台发现系统故障、安全隐患等紧急情况的，可以先行暂缓拍卖，并立即报告海关。

十七、海关有权对委托拍卖标的的拍卖活动进行监督。

实施网络拍卖的，网络拍卖平台不得在拍卖程序中设置阻碍竞买人报名、参拍、竞价以及监视竞买人信息等后台操控功能；网络拍卖平台提供的服务无正当理由不得中断。

十八、拍卖企业、竞买人、买受人、网络拍卖平台及利害关系人提出异议请求撤销海关涉案财物拍卖，符合下列情形之一的，海关应当支持：

（一）由于拍卖财产的文字说明、视频或者照片展示、实地展示以及瑕疵说明严重失实，致使买受人产生重大误解，购买目的无法实现的，但拍卖时的技术水平不能发现或者已经就相关瑕疵以及责任承担予以公示说明的除外；

（二）由于系统故障、病毒入侵、黑客攻击、数据错误等原因致使拍卖结果错误，严重损害海关、拍卖企业或者竞买人利益的；

（三）竞买人之间、竞买人与拍卖企业、竞买人与网络拍卖平台之间恶意串通，损害海关或者其他竞买人利益的；

（四）买受人不具备法律、行政法规和司法解释规定的竞买资格的；

（五）违法限制竞买人参加竞买或者对享有同等权利的竞买人规定不同竞买条件的；

（六）其他严重违反拍卖程序的情形。

十九、海关、拍卖企业、竞买人、买受人及其他利害关系人认为拍卖企业、网络拍卖平台的行为违法，可以提出异议，异议期间，海关可以暂缓或中止拍卖。

二十、实施海关涉案财物拍卖的，下列机构和人员不得参与竞买活动：

（一）海关及其工作人员；

（二）网络拍卖平台及其工作人员；

（三）承担拍卖工作的拍卖企业及其工作人员；

（四）第（一）至（三）项规定主体的工作人员近亲属。

二十一、拍卖企业或网络拍卖平台有下列情形之一的，不得再为海关涉案财物拍卖提供服务：

（一）存在违反本规定操控拍卖程序、修改拍卖信息等行为的；

（二）存在恶意串通、弄虚作假、泄漏保密信息等行为的；

（三）因违反法律、行政法规和司法解释等规定受到处罚，不适于继续从事海关涉案财物拍卖的；

（四）其他应当排除委托的情形。

二十二、因海关涉案财物拍卖产生的相关税费，应当依照相关法律、行政法规的规定，由相应主体承担。

二十三、本规定所称竞买人是指具备完全民事行为能力的参加竞购拍卖标的的公民、法人或者其他组织。法律、行政法规和司法解释对买受人资格或者条件有特殊规定的，竞买人应当具备规定的资格或者条件。买受人是指以最高应价购得拍卖标的的竞买人。

网络拍卖是指通过网络，以公开竞价方式，将特定物品或者财产权利转让给最高应价者的买卖方式。

网络拍卖平台是指在网络拍卖活动中，为交易各方提供相关服务的信息系统。

二十四、海关对超期未报关进口货物、误卸或溢卸进境货物、放弃进口货物和进出境物品、在海关规定期限内未办理海关手续或无人认领的物品、无法投递又无法退回的进境邮递物品，根据《中华人民共和国海关法》第六十条、第六十一条规定采取税收强制措施、税收保全措施涉及扣留的货物或其他财产等进行变卖的，参照本规定处理。

二十五、本规定自2020年5月1日起施行。施行前海关总署公布的规范性文件与本规定不一致的，以本规定为准。

十四、最高人民法院印发《关于进一步规范网络司法拍卖工作的指导意见》的通知

法〔2024〕238号

各省、自治区、直辖市高级人民法院，解放军军事法院，新疆维吾尔自治区高级人民法院生产建设兵团分院：

现将《最高人民法院关于进一步规范网络司法拍卖工作的指导意见》予以印发，请结合实际，认真遵照执行。

最高人民法院

2024年10月29日

最高人民法院关于进一步规范网络司法拍卖工作的指导意见

为进一步规范网络司法拍卖行为，着力提升执行财产处置水平，切实保障当事人的合法权益，根据《中华人民共

和国民事诉讼法》（以下简称民事诉讼法）以及有关司法解释的规定，结合执行工作实践，就做好网络司法拍卖工作提出如下意见。

1.尽职调查财产现状。执行法院应当对财产现状进行调查，不得以“现状拍卖”为由免除调查职责。对下列财产，应当重点调查以下事项：

（1）对不动产，应当通过调取登记信息、实地勘察、入户调查等方式，调查权属关系、占有使用情况、户型图、交易税目和税率、已知瑕疵等信息；

（2）对机动车，应当调查登记信息、违章信息、排放标准、行驶里程等对车辆价值有重要影响的信息；

（3）对食品，应当调查是否过期、是否腐败变质、是否属于禁止生产销售物品等信息，防止假冒伪劣食品通过网络司法拍卖流入市场，损害人民群众身体健康和生命安全；

（4）对股权，应当调查持股比例、认缴出资额、实缴出资额、出资期限、财务报表，以及股息、红利等对股权价值有重要影响的信息。

2.严格审查权利负担的真实性。执行法院在财产调查过程中应当加大对虚假权利负担的甄别力度，案外人主张财产上存在租赁权、居住权等权利负担的，重点围绕合同签订时间、租赁或者居住权期限、租金支付、占有使用等情况，对权利负担的真实性进行审查。案外人所提事实和主张有悖日常生活经验、商业交易习惯的，对案外人“带租赁权”、“带居住权”处置的请求不予支持。案外人有异议的，可以通过执行异议程序救济。发现被执行人与第三人通过恶意串通倒签租赁合同、虚构长期租约等方式规避或者妨碍执行的，应当依法严肃追究其法律责任。

3.认真核查建设工程价款情况。执行法院处置建设工程时，应当依法查明是否欠付建设工程价款，并按照下列情形分别处理：

（1）发现存在或者可能存在欠付建设工程价款，但没有权利人主张的，执行法院可以通过张贴拍卖公告、调取工程合同、询问被执行人等方式查明有关权利人，通知其及时主张权利，争取一次性解决纠纷，减少后续争议。

（2）尚未取得执行依据的案外人主张享有建设工程价款优先受偿权并提出优先受偿的，执行法院应当对建设工程施工合同等进行审查并询问被执行人。经审查，认定案外人不具有优先受偿资格，案外人不服的，可以通过执行异议程序或者另诉救济；认定案外人具有优先受偿资格的，应当将其纳入分配方案，当事人对该方案不服的，可以通过分配方案异议及分配方案异议之诉程序救济。

（3）建设工程价款优先受偿权人主张已与被执行人达

成“以房抵债”协议，据以申请排除执行的，执行法院应当依照民事诉讼法第二百三十八条处理。

4.规范适用询价方式。对于无需由专业人员现场勘验或者鉴定且有大数据交易参考的住宅、机动车等财产，可以选择网络询价方式。当事人、利害关系人认为不应适用网络询价或者网络询价结果明显偏离市场价值，申请适用委托评估的，执行法院经审查可以准许。

工业厂房、在建工程、土地使用权、商铺较多的综合市场、装修装饰价值较高的不动产以及股权、采矿权等特殊或者复杂财产，目前尚不具备询价条件，当事人议价不成时，应当适用委托评估。

5.完善刑事涉案财产变价程序。刑事裁判涉财产部分执行，涉案财物最后一次拍卖未能成交的，执行法院应当按照《最高人民法院关于刑事裁判涉财产部分执行的若干规定》（法释〔2014〕13号）第十二条第二款规定，征询财政部门、被害人是否同意接收财产或者以物退赔等意见。财政部门、被害人不同意接收财产或者以物退赔的，可以进行无保留价拍卖。但对不动产、采矿权、大宗股票等价值较高的财产进行无保留价拍卖的，应当合理确定保证金和加价幅度，经合议庭合议后，报主管院领导批准。

6.如实披露拍卖财产信息。执行法院应当全面如实披露财产调查所掌握的拍卖财产现状、占有使用情况、已知瑕疵和权利负担等信息，严禁隐瞒或者夸大拍卖财产瑕疵。

拍卖财产为不动产的，执行法院应当在拍卖公告中公示不动产占有使用情况，不得在拍卖公告中使用“占有不明”、“他人占用”等表述。决定“带租赁权”或者“带居住权”拍卖的，应当如实披露占有使用情况、租金、期限以及有关权利人情况等重要信息。

法律、行政法规和司法解释对买受人有竞买资格限制的，应当在拍卖公告中予以公示。

7.完善被执行人自行处置机制。第二次网络司法拍卖流拍，债权人申请以物抵债或者第三人申请以流拍价购买的，执行法院应当通知被执行人。被执行人主张以高于流拍价的价格对拍卖财产自行处置的，执行法院经审查后可以允许，暂不启动以物抵债、第三人购买程序。

自行处置期限由执行法院根据财产状况、市场行情等情况确定，一般不得超过60日。自行处置不动产成交的，买受人向执行法院交付全部价款后，执行法院可以出具成交过户裁定。买方支付部分价款，剩余价款申请通过贷款等方式融资，并向执行法院提交相关融资等手续的，执行法院经协调不动产登记机构同意后，可以出具成交过户裁定，由买卖双方办理“带封过户”手续。被执行人自行处置失败的，执行法院应当启动以物抵债、第三人购买等程序。

8.加大不动产腾退交付力度。对不动产进行处置，除有法定事由外，执行法院应当负责腾退交付，严禁在拍卖公告中声明“不负责腾退”。

需要组织腾退交付的，执行法院应当制作腾退预案，积极督促被执行人及有关占用人员主动搬离。对于督促后仍不主动搬离的，应当严格依法腾退，并做好执法记录、安全保障等工作。

腾退过程中，被执行人、案外人存在破坏财产、妨碍执行等行为的，应当根据情节轻重予以罚款、拘留；构成犯罪的，应当依法追究刑事责任。

9.严格重大事项合议与审批。执行法院应当建立重大事项权力清单和台账，对起拍价、加价幅度、权利负担、唯一住房拍卖、自行处置、以物抵债、第三人以流拍价购买等重要事项应当合议决定，按程序报批，严格落实院局（庭）长阅核制，不得由执行人员一人作出决定。

10.加强拍卖辅助工作管理。各高级、中级人民法院要加强对辖区拍卖辅助工作的统一管理，加大对重大复杂敏感案件拍卖辅助工作的指导力度。具备条件的中级人民法院可以根据辖区实际情况，设置相对固定的人员或者团队统一负责辖区拍卖辅助工作。执行法院将拍卖辅助工作委托拍卖辅助机构承担的，要加强对拍卖辅助机构履职情况的监督力度，严禁将法律、司法解释规定必须由执行人员办理的事项委托给拍卖辅助机构完成；严禁拍卖辅助人员使用办案系统、账户和密钥等，严防泄露办案秘密；严禁私下接触竞买人，需要现场看样的，必须有两名以上拍卖辅助人员在场；严禁拍卖辅助机构、拍卖辅助人员及其近亲属参与其承担拍卖辅助工作的财产的竞买；严禁向第三方泄露意向竞买人信息；严禁私自收取费用违规排除潜在竞买人。要结合辖区工作实际，制定行之有效的管理办法，明确拍卖辅助机构工作职责和清单，规范计费方式和标准，严格规范拍卖辅助机构的准入和退出程序。要建立违纪违法追责机制，发现拍卖辅助机构存在违法违规行为或者不符合入库要求的，视情节采取暂停、取消委托资质乃至除名等惩戒措施。

11.依法打击扰乱网拍秩序的行为。对通过夸大、欺瞒、误导等手段宣传提供“拍前调查”、“清场收房”、“对接法院”等一站式服务，诱导买受人支付高额佣金，甚至伪造司法文书骗取财物，严重扰乱网络司法拍卖秩序的行为，各级人民法院要积极联合公安、住建、市场监督管理等部门，坚决依法打击。要建立常态化工作机制，通过加大网络司法拍卖宣传、定期发布典型案例、开展专项活动等方式，依法维护网络司法拍卖秩序。

12.深化对网拍的全面监督。各级人民法院要严格按照法律、司法解释要求开展工作，确保网络司法拍卖公开透明、及时高效、全程留痕。要主动接受当事人和社会公众对拍卖活动的全程监督，对当事人、社会公众或者媒体反映的拍卖问题，要及时核查、及时纠正、及时回应社会关切。

要主动接受检察机关法律监督，推动信息共享，畅通监督渠道，使执行检察监督规范化、常态化、机制化。对重大敏感复杂及人民群众反映强烈的拍卖或者腾退交付案件，可以邀请检察机关到场监督执行活动。